U0576259

高级管理会计
理论、方法与应用

The Theory, Methods, and Applications of
Advanced Management Accounting

沈　敏　张露文　胡晔康◎编著

Accounting

浙江工商大学出版社
ZHEJIANG GONGSHANG UNIVERSITY PRESS
·杭州·

图书在版编目（CIP）数据

高级管理会计的理论、方法与应用 / 沈敏，张露文，
胡晔康编著. -- 杭州：浙江工商大学出版社，2024.6.
ISBN 978-7-5178-6080-8

Ⅰ.F234.3

中国国家版本馆 CIP 数据核字第 20243QF193 号

高级管理会计的理论、方法与应用
GAOJI GUANLI KUAIJI DE LILUN、FANGFA YU YINGYONG

沈　敏　张露文　胡晔康 编著

策划编辑	郑　建
责任编辑	高章连
责任校对	都青青
封面设计	胡　晨
责任印制	包建辉
出版发行	浙江工商大学出版社
	（杭州市教工路 198 号　邮政编码 310012）
	（E-mail:zjgsupress@163.com）
	（网址:http://www.zjgsupress.com）
	电话:0571-88904980,88831806(传真)
排　　版	杭州朝曦图文设计有限公司
印　　刷	浙江全能工艺美术印刷有限公司
开　　本	710mm×1000mm　1/16
印　　张	17.25
字　　数	228 千
版 印 次	2024 年 6 月第 1 版　2024 年 6 月第 1 次印刷
书　　号	ISBN 978-7-5178-6080-8
定　　价	58.00 元

版权所有　侵权必究

如发现印装质量问题,影响阅读,请和营销发行中心联系调换

联系电话　0571-88904970

前　言

　　管理合理化工作必须由企业各层级配合推动,并在日常工作中由上一级人员培训下一级人员,指出错误所在并教导正确方法。如此日积月累,方能提升人员素质和管理能力,共同致力于奠定坚实的管理合理化基础。这种基础奠定和人员能力提升并非一朝一夕之功,而是必须持之以恒,才能逐渐累积实力,最终达到良好水平。就企业经营而言,管理合理化乃是创造企业营运绩效的根源,而利润则是营运绩效的结果。换言之,管理合理化是"因",而利润则是"果",何者重要不言而喻。由于利润是有形实体,而经由管理合理化以强化获利潜能的过程却没有具体形迹可循,而且必须长期持续追求才能见效,所以往往导致企业在经营上只重视利润的追求,却忽略了管理合理化的工作。恰似一心一意只想着收获,却忘了耕耘,其结果必定如同缘木求鱼一般,终不可得。这也是没有实事求是、追根究底,而未能建立正确的经营理念所致。①

　　在全球化经济浪潮的推动下,企业的发展路径既充满挑战又孕育着无限机遇。这些企业集团的成功,不仅在于其具有前瞻性的战略眼光和敏锐的市场洞察力,更在于其拥有内部精细化的管理和高效的资源配置。在这一背景下,管理会计的作用显得尤为关键。

　　《高级管理会计的理论、方法与应用》这本书的编写,得益于某大型企

---

　　①　此段话为本书案例调研对象——某大型企业集团的创始人在探讨企业管理的本质时所提出的个人见解,同时也是他经营该集团几十年积累的具有代表性的心得体会之一。

业集团发展历程的深刻启示。① 该集团凭借其卓越的管理会计体系，不仅实现了企业规模的快速扩张，更在激烈的市场竞争中保持了持续稳健的发展态势。我们从中看到管理会计在推动企业战略实施、优化资源配置、提高经济效益等方面发挥了至关重要的作用。

现代企业必须不断调整战略，提高效率，降低成本，以适应市场的变化。在这一挑战重重的环境下，管理会计不仅仅是一个财务报告的工具，更是企业制定战略、评估绩效、优化资源配置的核心手段。然而，对于许多企业来说，管理会计的潜力仍未得到充分发挥。

本书旨在帮助广大企业集团真正用好管理会计，充分发挥管理会计在企业管理中的重要作用。我们深入剖析了管理会计的理论体系和实践方法，结合某大型企业集团的案例，展示了管理会计在企业各个层面和环节的应用。同时，我们也强调了管理会计人才的重要性，提出了管理和培养管理会计人才的策略和建议。

在本书的编写过程中，我们力求做到如下几点。

第一，系统性。本书从管理会计的基本理论出发，逐步深入各个实践领域，形成了一个完整的知识体系。读者通过阅读本书，可以了解管理会计在企业中的应用和价值。

第二，实用性。我们注重将理论与实践相结合，通过大量实际案例的剖析，展示了管理会计在企业管理中的具体应用方法和技巧。读者可以从中学习到如何运用管理会计工具和方法来解决实际问题。

第三，前瞻性。我们密切关注管理会计领域的最新动态和发展趋势，对新兴领域和热点问题进行了深入的探讨和分析。读者通过阅读本书，可

---

① 应本书实际应用案例来源企业集团的要求，在本书中不公开该集团的详细信息，故本书中一律以"某大型企业集团"代替真实企业集团名称。需要特别说明的是：本书中所有真实案例的引用，均已获得调研资料提供方的许可。

以了解管理会计的最新发展动态和未来趋势。

　　我们坚信,本书将成为企业管理人员和财务人员的重要参考书籍。通过阅读本书,他们可以更好地理解管理会计的核心理念和实践方法,提高管理会计在企业中的应用水平。同时,我们也希望本书能够激发广大读者对管理会计的兴趣和热情,为推动管理会计学科的发展做出贡献。

目　录

第一章

管理会计导论

第一节　管理会计知识基础

一、管理会计的含义及其演进

1966 年,美国会计学会(AAA)在《基本会计理论说明书》(*Statement of Basic Accounting Theory*)中提出,管理会计是通过运用适当的技术和理念,对历史和未来的经济信息进行加工,从而帮助管理人员制定合理的经营目标,并协助管理部门做出符合这些目标的决策。

1981 年,美国管理会计师协会(IMA)对管理会计的定义是:管理会计涉及确认、计量、汇总、分析、编制、解释和传递财务信息,这些信息在内部管理中用于规划、评价和控制,确保合理和负责地使用企业资源。

1986 年,美国全美会计师协会管理会计实务委员会将管理会计定义为,管理会计是向管理当局提供用于企业内部的计划、评价、控制,以及确保资源合理利用和经营责任的履行所需的财务信息,确认、计量、归集、分析、编报、解释和传递的过程。管理会计还包括为股东、债权人、监管机构和税务当局等非企业管理人员编制财务报表。

1997 年,美国管理会计师协会再次定义管理会计为,管理会计是一个持续改进的过程,为企业提供价值增值的财务与非财务信息系统,指导管理行为、激励行为,支持并创造达成组织战略、战术和经营目标所需的文化价值。

我国学者李天民教授在其 1984 年出版的《管理会计》一书中指出:管理会计主要是通过一系列专门方法,利用财务会计提供的资料及其他相关资料进行整理、计算、对比和分析,为企业各级管理人员提供信息,以便他们对日常经济活动进行规划与控制,并协助企业领导做出各种决策。

1999 年,著名管理会计学家余绪缨教授认为:管理会计是为企业内部使用者提供管理信息,有助于经营决策及经营管理资料的完善,从而发挥会计信息的内部管理职能。

2000 年,暨南大学胡玉明教授提出,21 世纪的管理会计应为企业(组织)核心能力的诊断、分析、培植和提升提供相关信息支持。

2012 年,美国著名管理会计学家罗伯特·S. 卡普兰教授等四人合著的《管理会计(第 5 版)》将管理会计定义为:管理会计是一个为组织员工和各级管理者提供财务和非财务信息的过程,这个过程受组织内部所有人员对信息需求的驱动,并能引导他们做出经营和投资决策。

中华人民共和国财政部在《关于全面推进管理会计体系建设的指导意见》(财会〔2014〕27 号)中对管理会计的定义为:管理会计作为会计的重要分支,主要服务于单位(包括企业和行政事业单位)内部管理需要,是通过对相关信息的利用,有机融合财务与业务活动,在单位规划、决策、控制和评价等方面发挥重要作用的管理活动。

管理会计的概念和运用经历了显著的变革。管理会计已不仅仅局限于传统的财务信息,而是涵盖了更为广泛丰富的非财务信息。它不仅仅是简单地收集和记录数据,而是通过一系列专业方法对企业获取的各类信息进行深入分析和加工处理。这些信息不仅包括了财务报表所反映的数字数据,还包括了关于市场、顾客满意度、员工绩效等方面的非财务数据。管理会计的主要目的是为企业内部的管理者提供有效的决策支持,帮助他们更好地理解企业的运营状况,从而制定有效的战略和管理方针。

传统管理会计主要处理以货币为主的财务数据,而现代管理会计的范围已经显著扩展,涵盖了大量的非财务信息。这些信息包括但不限于客观的运营和实物数据(如产品质量和生产时间等)和主观的信息(如消费者满意度、员工能力和新产品的市场表现等)。这种拓展使得管理会计能够更全面地评估企业的绩效和竞争优势,为管理者提供更全面的决策支持。

此外,管理会计提供的分析结果和建议还能帮助员工和管理层获取自身表现的反馈信息,从而识别并改进工作中的不足。虽然管理会计信息本身不能保证企业活动的成功,但缺乏信息或信息扭曲将使企业面临重大挑战。通过提供及时、准确的信息,高效的管理会计系统对企业创造财富具有不可估量的价值,能够支持企业在激烈的市场竞争中取得成功并持续繁荣。

综上所述,现代管理会计应以最大化顾客终身价值为目标,以计算机和互联网为主要手段,综合财务和非财务信息,为企业形成和提升核心竞争能力提供重要决策支持。

二、管理会计与相关学科的关系

(一)管理会计与财务会计的区别

财务会计的主要功能是通过定期提供财务报表,为企业外部的组织和个人服务,其服务对象包括股东、债权人(如银行、债券持有者和信贷提供者)、潜在投资者及政府部门。财务会计主要为外部使用者提供信息,这些信息反映的是企业过去的经营活动和决策结果。因此,财务会计必须遵循企业会计准则,受规则驱动。学习财务会计主要涉及会计准则的学习,包括科目设置、账务处理和财务报表的编制。

相较之下,管理会计旨在为组织内部管理者提供各种信息。企业在使用管理会计时具有很大的灵活性,管理者可以利用这一综合性较强、灵活性较高的工具,在人员、物资、资金等资源,以及产品、服务、渠道、供应者和消费者等方面做出更好的决策。管理会计信息系统提供的信息能够帮助企业员工在三个方面做出改进:(1)提高产品质量和工作效率;(2)降低运营成本;(3)增强对消费者需求的责任感。

因此,学习管理会计的重点在于掌握决策技能,以及懂得如何满足管理者和员工的信息需求。财务会计和管理会计在基本特征上存在显著差异:财务会计主要服务于外部利益相关者,遵循严格的会计准则,关注企业过去的财务表现;而管理会计则服务于内部管理者,提供灵活和综合的信息支持,帮助企业在各方面做出优化决策。财务会计与管理会计在基本特征上存在一定的区别,如表1-1所示。

表 1-1　财务会计与管理会计的基本特征的比较

项目	财务会计	管理会计
服务对象	主要为企业外部团体,如股东、债权人、税务部门等	主要为企业内部的各级管理者,也可以是普通员工
目标	向企业外部组织和个人报告企业过去的业绩,与所有者和债权人保持联系	为员工和管理者提供制定决策的信息,反馈决策实施过程中的信息并进行控制
信息的及时性	滞后的、历史的	及时的、面向未来的
限制因素	受法定规则、企业会计准则或由政府权威部门制定的规则的限制	非法定的,是为满足企业战略和经营管理需要而制定的信息系统
信息类型	以货币形式表现的财务信息	更加丰富,包括财务信息,有关生产、技术、供应商、消费者和竞争者的数据,以及以实物形式表现的非财务信息
最重要的信息质量特征	注重信息的可靠性	注重信息的相关性
核算范围	涵盖整体企业的报告	局部决策和行动的信息

会计应首先满足企业内部管理目标的需求,设计出优质的管理会计系统,然后再将企业内部决策执行的结果提供给外部利益相关者。这样的逻辑顺序更加合理。事实上,19世纪时,由于缺乏发达的证券市场,企业设计会计系统的初衷就是为了满足企业内部决策制定和实施控制的需要。实际上,早期的会计基本都是管理会计。

然而,在过去的一个世纪里,特别是在证券市场蓬勃发展过程中,出现了越来越多的外部准则和标准。这些外部要求变得越来越严格,使许多企业将注意力集中在编制对外的财务报告上,而不是改进为企业内部管理决策和控制提供服务的信息系统。结果是,在面对快速的技术进步和激烈的市场竞争时,许多企业的管理会计的分析结果及其提供的信息显得相当薄弱。

(二)管理会计与财务会计的联系

管理会计与财务会计虽然存在差异,但两者之间也有许多相互渗透和密切联系之处。

首先,它们共享部分原始资料。管理会计通常不涉及填制凭证和按复式记账法登记账簿的问题,它更多地利用财务会计提供的信息进行分析和研究。这些财务会计的记账、算账和报账资料,有时需要经过加工、调整和扩展,再结合其他相关信息进行计算、对比和分析,从而编制各种管理报表,以改进企业内部经营管理、提高经济效益。

其次,它们都反映组织的资金运动。作为现代会计的两大分支,管理会计和财务会计的管理对象都是企业经济活动中的资金运动,但二者侧重点不同。在时间维度上,财务会计主要反映和监督企业过去发生的经济活动中的资金运动,而管理会计则侧重于规划和控制企业当前和未来的资金运动。在空间维度上,财务会计强调对整个企业经济活动中的资金运动的反映和监督,而管理会计则通过对各项目决策和未来期间的计划来全面规划和控制企业的资金运动,并且尤其关注企业内部各责任单位的资金控制。

再次,它们的工作目标基本一致。管理会计和财务会计都旨在为信息使用者提供有用的信息,这一共同目标是为了帮助企业获得最大利润,提高经济效益,增加企业价值。

最后,财务会计有时也会纳入管理会计的部分内部报表。管理会计从一开始就重视企业现金流量的研究,很多内容基于现金流量分析,如企业的长短期投资决策分析。相对于利润指标,管理会计更注重现金流量指标。近年来,由于利润操纵现象的增多,国内外纷纷将现金流量作为必须公开的信息,因此现金流量表成为基本会计报表之一。这体现了财务会计与管理会计的一致性,以及在新形势下两者逐步融合的趋势。

(三)管理会计与内部控制的关系

管理会计作为企业决策的灯塔,不仅照亮了信息的路径,更为管理层提供了导航。它通过综合运用财务数据、市场趋势、成本效益分析等多种工具,为企业的经营决策提供了坚实的数据支撑。同时,作为管理控制系统的心脏,管理会计通过灵活运用预算控制、成本分析、绩效评估等手段,不断优化企业的内部控制机制,提高资源配置的效率和效果。

彼得·德鲁克曾深刻指出,企业家的注意力应当集中在销售和成本控制这两个关键领域。他的这一观点不仅凸显了管理会计在企业内部控制中的核心作用,更揭示了管理的本质——对成本的精确控制和对销售的敏锐洞察。企业要想在激烈的市场竞争中立于不败之地,就必须在利用外部市场机会增加收入的同时,通过有效的内部控制降低成本,实现"开源节流"。

然而,在现实操作中,许多企业并未充分发挥内部控制的潜力,这往往是因为这些企业缺乏一个坚实的管理会计体系作为支撑。没有管理会计的规范和指导,内部控制很难发挥其应有的作用,从而导致企业在资源配置、风险管理和决策制定等方面存在缺陷。因此,加强管理会计与内部控制的融合,是推动企业管理体系现代化的关键。

深化管理会计与内部控制的关系研究,可以带来如下几个方面的重要效果。

（1）整合控制与治理：将内部控制机制与公司治理及经营活动紧密结合，不仅提升了管理层对内部控制重要性的认识，还促进了公司治理结构的优化和经营活动的高效执行。

（2）角色与功能明确：在公司治理结构中明确董事会、管理层及员工在内部控制中的责任和作用，确保每个层级都能在内部控制中发挥其应有的作用，形成一种自上而下的控制和监督机制。

（3）软硬控制策略结合：将软性控制如企业文化、员工培训和激励机制，与硬性控制如业务流程、财务审计和合规检查相结合。这种软硬结合的控制策略，不仅能够提升员工的参与度和忠诚度，还能够确保业务流程的规范性和合规性。

（4）风险管理与战略规划：将内部控制与企业的风险管理策略和战略规划相结合，确保企业能够在面对市场变化和不确定性时，做出快速而有效的响应。

（5）持续改进与创新：通过不断的内部控制评估和反馈机制，促进企业持续改进和创新，提高企业的适应性和竞争力。

通过这些策略，管理会计不仅强化了内部控制的结构，还为企业构建了一个全面而有效的管理机制。这种机制能够帮助企业更好地应对市场变化，提高经营效率，确保在竞争激烈的市场中保持持续的竞争优势。综合运用管理会计和内部控制，企业能够实现资源的最优配置、风险的有效管理和战略目标的顺利达成，从而在复杂多变的商业环境中稳健前行。

第二节 数智时代管理会计的创新发展

一、数智时代下管理会计发展方向

现代会计有两大分支:一是传统的财务会计;二是现代的管理会计。1970 年以来,管理会计体系从正式形成逐步发展为高级管理会计阶段。在我国,管理会计在 20 世纪 70 年代末 80 年代初开始兴起,并逐步得到广泛应用和发展。

当前,财务领域正从信息化转向数字化,并朝着智能化的方向迈进。在这一过程中,管理会计成为财务人员职业发展的重要方向,因为它更贴近业务需求,与企业发展战略紧密相关。管理会计所输出的专业智慧和洞察力,难以被简单的智能化建模所替代,从而在企业的战略实施和决策支持中发挥着不可替代的作用。

在数智时代,科技因素和环境因素对管理会计产生了深远且意义重大的影响。应用大数据、人工智能等新技术极大地促进了管理会计的应用创新与落地,加快了业财务融合进程,为建设世界一流企业提供了有力支撑。同时,在管理会计的绩效与风险管理部分,引入 ESG(环境、社会和公司治理)思想和框架,将有助于企业提升财务绩效和抵御风险的能力,推动企业可持续发展,在全球市场中建立更具竞争力和责任感的企业形象。

数智时代对企业管理会计的发展而言,既带来了新的挑战,也提供了新的机遇。从管理会计的角度看,所谓挑战,主要体现在:会计主体越来越复杂,会计分期越来越短,非会计信息越来越多,对预测性信息的要求越来越高。这些变化要求管理会计能够处理更加复杂的业务环境,快速响应业务需求,并提供准确的预测和分析。

然而,数智时代也带来了巨大的机遇。大数据、移动互联网和云计算、区块链、人工智能和机器学习等数字技术为管理会计的创新融合发展提供了坚实的技术支持。

(1)大数据:可以使管理会计创新由设想变为现实,实现财务决策从经验驱动向数据驱动转变。

(2)移动互联网和云计算:使得资金管理从内部延伸到全产业链和生态圈,成本控制更加精细化、前置化。

(3)区块链:能够增强财务信息的透明度和可靠性。

(4)人工智能和机器学习:使得财务风险管控从依靠人转变为机器自动识别、提前预警。

这些技术进步使得财务职能从以核算监督为主转变为以决策支持和价值创造为主,报表编制从定期、标准化转变为实时、多样化。通过这些技术手段,管理会计能够更好地支持企业的战略决策,提升财务绩效,并增强企业在全球市场中的竞争力。

财务行业数据量大、业务复杂性高,传统财务处理方式难以满足数字经济时代企业管理的需求。ChatGPT 的自动化处理和语义理解能力,为财务人员优化各类财务场景、提高财务处理的准确性和效率带来了重要契机。

(1)自动化处理:ChatGPT 可以自动处理大量重复性和规则性的财务任务,如账务录入、报表生成和数据分析,从而减少人工操作,提高效率。

(2)语义理解:借助先进的自然语言处理技术,ChatGPT 能够理解和解析复杂的财务数据和业务语境,帮助财务人员快速获取所需信息,并提供精准的财务分析和建议。

(3)数据整合与分析:通过集成多种数据源,ChatGPT 能够实时分析和整合财务数据,提供全面的财务洞察和预测,支持决策制定。

(4)智能问答与支持:财务人员可以通过与ChatGPT互动,快速解决各种财务问题,从而节省时间,专注于更具战略意义的任务。

(5)风险管理:利用机器学习和预测分析,ChatGPT可以帮助识别潜在的财务风险,提供提前预警,增强企业的风险管控能力。

通过这些应用,ChatGPT不仅能够提高财务处理的准确性和效率,还能帮助财务人员更好地应对数字经济时代的复杂业务需求,推动财务管理向智能化、数据驱动的方向发展。

在财务工作中,信息生成和信息使用是两个重要方面。以ChatGPT为例,在信息使用方面它可能更多地发挥作用。首先,它可能因对特定领域知识的理解不足而难以准确理解财务工作中的复杂术语、流程和实践。其次,由于中文语境训练不充分,可能进一步加剧ChatGPT对财务术语的误解。最后,对会计准则和税务法规的溯源的不准确,将直接影响ChatGPT执行具体财务工作,如自动生成会计分录、纳税申报的可靠性。因此,AI短时间内难以将会计人员完全取代,大量的专业判断(甚至涉及价值判断、问责)仍然需要由人来把握。ChatGPT可以提供更多的专业知识,辅助、提示会计人员做出决定,在这方面可以发挥其辅助作用,但最终还是需要人来确认和承担责任。在信息使用方面,涉及决策判断等高级认知时,AI参与的程度可能更高。例如,在财务分析报告方面,涉及财务与非财务知识的综合运用,特别是随着非财务信息的丰富性和复杂性的提升,ChatGPT凭借强大的信息处理能力提供的财务分析报告可能会更胜一筹。[①]

除了赋能传统财务工作,ChatGPT还为财务领域带来了更多的创新

---

① 金源,李成智. ChatGPT对智能财务体系的影响:场景优化、技术革新与人员转型[J]. 财会月刊,2023,44(15):23－30.

空间。例如,在使用 ChatGPT 加强财务报表分析的过程中,企业可以首先建立自身的财务知识库。这个知识库应涵盖财务会计、报表分析、投资与资本预算、资本市场与估值、税务、风险管理、企业伦理与法律、财务软件和工具等方面的丰富知识。有了这个知识库作为基础,ChatGPT 可以更好地理解和应用企业的财务数据,并提供更为准确和全面的分析结果。通过利用 ChatGPT 在财务知识库和自身知识的基础上进行财务报表分析,企业可以发现更多的潜在机会和风险。因此,ChatGPT 在财务领域的应用将为企业带来更多的想象空间和机遇。

二、管理会计加快 ESG 融入公司运营发展

在"双碳"背景下,将 ESG 思想和框架融入管理会计将有助于企业提升财务绩效和抵御风险能力。在全球范围内,针对 ESG 的政策和标准日益严格,推动着企业更加重视 ESG 管理。欧盟针对 ESG 问题出台了一系列政策,促进了 ESG 理念在企业管理中的应用。例如,2023 年 6 月,国际可持续准则理事会(ISSB)发布了可持续披露准则,专门强调了财务信息与 ESG 信息融合的重要性。截至 2023 年,全球 122 家证券交易所中有 72 家提出了 ESG 报告指南,35 家将 ESG 信息披露纳入了上市规则的一部分。国务院国资委也对央企控股上市公司提出了 ESG 信息披露全覆盖的要求,推动了 ESG 理念在中国企业的深入推广。ESG 管理不仅可以提升企业的财务绩效,还有助于增强企业的风险抵御能力。纽约大学的研究报告显示,超过 58% 的企业的 ESG 绩效与 ESG 评级呈正相关关系,表明了 ESG 管理对企业财务绩效具有积极影响。2023 年 7 月,国务院国资委办公厅印发《关于转发〈央企控股上市公司 ESG 专项报告编制研究〉的通知》,进一步规范了 ESG 信息披露工作,强调了 ESG 在央企发展中的重要性。ESG 已经成为中国企业高质量可持续发展的重要风向标,有助于增

强中国 ESG 体系的话语权,提升资本市场和投资者对央企控股上市公司价值的全面评价。通过 ESG 报告框架的引导和规范,国内企业能够更加全面地披露 ESG 信息,进一步提升了企业的社会责任感和可持续发展意识,推动了中国企业向高质量可持续发展的目标迈进。以中国海油为例,2023 年,中国海油联合集团内的 5 家控股上市公司进行了 ESG 报告的集中发布,这一举措体现了中国海油在促进经济增长、加强环境保护、推动社会进步等方面的表现情况。同时,中国海油还将"海外社会责任报告"独立成篇,进一步突显了其在全球范围内社会责任的承担和实践。推动央企控股上市公司进行 ESG 信息披露已经是大势所趋。这不仅对央企提出了更高的信息透明度和信息合规性要求,也进一步强调了 ESG 理念对企业发展的重要性。企业需要深入理解 ESG 的内涵,将其融入公司的运营发展,并以此推动全公司的可持续性和高质量发展。具体而言,企业可以通过制定统一的 ESG 评价标准,构建具有中国特色的 ESG 评价体系,从而规范管理和提升 ESG 信息披露的质量。此外,示范带动民营企业的 ESG 信息披露,也是推动 ESG 理念在企业中广泛落地的重要举措。同时,增强国际传播力,提高企业在国际上的影响力和话语权,有助于推动全球范围内的 ESG 理念传播和实践。[①]

三、财务管理数智化转型推动集团司库体系建设

随着数字信息技术的不断发展,企业面临转型升级和创新加速的挑战,同时也要满足对全球资源统一调度和管理的需求。在这一背景下,企业传统的资金管理模式正向司库体系建设迈出必要的步伐。2022 年,国务院国资委发布《关于推动中央企业加快司库体系建设进一步加强资金管

---

① 李梦晨. 我国央企 ESG 信息披露现状研究[EB/OL]. (2023-08-17)[2024-03-15]. https://iigf.cufe.edu.cn/info/1012/7438.htm.

理的意见》,这对于央企具有重要意义。对央企而言,深刻理解并应对该文件提出的要求和释放的信号至关重要。这不仅有助于企业集团适应监管要求,还有助于应对内部管理压力,更好地服务企业的发展战略。因此,央企应当认识到这一意见的现实意义,并据此调整和优化自身的资金管理体系,以适应当今快速变化的商业环境。

将司库体系建设作为企业财务管理数智化转型的切入点和突破口,是重构内部资金等金融资源管理体系的关键一步。这一举措不仅可以进一步加强资金的集约、高效和安全管理,还能促进业务和财务的深度融合,推动集团管理的创新与组织变革。通过司库体系的建设,企业可以增强价值创造力、核心竞争力和抗风险能力,为长期健康发展创造可能性。这意味着企业可以更好地利用数字化技术和智能化工具来优化资金流动、降低成本、提高效率,并实现对全球资源的统一调度和管理,从而为企业带来更大的灵活性和可持续性,使其能够更好地适应不断变化的市场环境,应对挑战并抓住机遇。

第三节　管理会计在制造业企业中的应用

一、制造业企业应用管理会计的优势

1. 提高成本控制的精细化

制造业作为典型的实体产业,涉及广泛的原材料采购、生产过程管理及产品销售等多个环节,这些环节中的成本控制尤为关键。管理会计通过深入分析成本结构、识别成本驱动因素,并制定相应的成本控制策略,为制造业企业实现精细化的成本管理提供了关键支持。与其他行业相比,制造业的生产过程通常更为复杂,成本结构也更加多样化。管理会计的成本控制能力在这种环境下发挥了独特的作用。通过对生产过程的细致分析,管理会计能够准确把握各项成本的来源和变化趋势,帮助企业制定更具针对性的成本管理策略,从而有效地降低成本、提高效率。虽然其他行业也面临成本管理的挑战,但由于其业务模式和成本结构的特点不同,管理会计在这些行业中的应用受到了一定的限制。相比之下,制造业的复杂性和成本结构的多样性使管理会计在这一领域中显得更为重要。

2.生产活动预测与规划的精准化

制造业企业的生产活动受到诸多因素的影响,包括市场需求的波动、原材料供应的变化及产能的限制等。在这种复杂的环境下,精确的预测和有效的规划显得尤为重要。管理会计通过收集和分析历史数据,结合对市场趋势和企业战略的深入理解,可以为企业提供关于未来生产活动的准确预测和合理规划。这种预测和规划能够帮助企业提前应对市场的变化,调整生产计划和资源配置,以满足不断变化的市场需求,同时降低库存成本,提高生产效率。相比之下,其他行业可能不像制造业那样对生产活动的预测和规划需求如此迫切,因为它们的业务模式和生产过程受外部因素的影响或波动较小。

3.价值链管理的有效优化

制造业企业的价值链涵盖了从原材料采购到产品销售的多个环节,每个环节的成本和效益都直接影响着企业的整体竞争力。管理会计通过对这些环节进行分析和优化,帮助企业识别价值链中的低效环节,并提出相应的改进措施。这种价值链管理的优化能力有助于企业提高整体运营效率,降低成本,并在激烈的市场竞争中获得优势。相较之下,其他行业虽然也涉及价值链管理,但可能不像制造业那样复杂和多样。在服务行业或零售行业,价值链可能更加简化,而且涉及的环节相对较少。因此,管理会计在制造业的价值链管理中的作用更为显著和重要。

4.决策支持适应性的强化

制造业企业面对着市场环境和客户需求快速变化的挑战,需要及时做出灵活的决策以适应这些变化。管理会计通过提供准确的信息和深入的分析,帮助企业在面临复杂问题时做出明智的决策。这种决策支持有助于企业在激烈的市场竞争中保持领先地位。与此同时,其他行业也面临着各自的决策挑战,但可能无法像制造业那样充分发挥管理会计的决策支持作用。

综上所述,相较于其他行业,管理会计在制造业的应用具有几个明显的优势。首先是精细化的成本控制,能够帮助企业深入分析成本结构,识别成本驱动因素,并制定相应的成本控制策略。其次是预测和规划生产活动,通过历史数据和市场趋势的分析,为企业提供准确的生产规划,帮助其适应市场变化并降低库存成本。再次,管理会计可以优化价值链管理,识别并改进价值链中的低效环节,提高整体运营效率并降低成本。最后,管理会计具有适应性强的决策支持能力,能够为企业在快速变化的市场环境中做出明智的决策,保持竞争优势,并提高整体经济效益。

二、管理会计在制造业企业中的具体应用

1.有效控制制造业企业成本

在制造业企业中,成本管理是一个关键的挑战,涉及多个方面,包括原材料、人工、生产等各个环节。管理会计通过一系列的方法和技术,为企业提供了有效的成本管理手段,从而降低了生产成本,并提高了生产效率。第一,管理会计通过建立适合制造业特点的成本计算体系,为企业提供了清晰的成本分析和管理工具,帮助企业了解各项成本的构成和分布情况,

找出成本管理的有效途径。第二,在制定成本控制策略方面,管理会计通过对成本结构和行为的分析,帮助企业找出成本增加的主要原因,并提出相应的控制措施,比如优化生产流程、提高资源利用效率等,从而有效地控制成本的增长。第三,在成本效益分析方面,管理会计通过对各项投入成本和产出效益的对比,帮助企业评估生产活动的盈利能力,及时调整生产计划和资源配置,确保企业实现成本最小化和效益最大化的目标。管理会计在制造业企业中发挥着重要作用,为企业的成本管理提供了有效支持,推动了企业的持续发展和竞争优势的提升。

2. 持续提升绩效考核效果

在制造业企业中,管理会计扮演着至关重要的角色,特别是在绩效考核方面,通过对企业各项活动和表现进行全面评估,为管理者提供了重要的决策依据和指明了改进方向。管理会计在制造业企业的绩效考核中发挥着多重作用。首先,管理会计帮助企业建立科学的绩效考核体系,通过对生产环节进行量化评价,明确绩效指标和目标,有助于激励员工提高工作效率和产品质量。其次,管理会计协助企业确定合理的绩效评估方法,包括制定评分标准、建立奖惩机制等,以确保绩效考核的公平性和准确性。最后,通过持续监测和评估各项绩效指标,管理会计帮助企业及时发现生产过程中的问题和瓶颈,使企业管理者能够及时调整生产计划和流程,优化资源配置,提高生产效率和产品质量。管理会计在制造业企业的绩效考核中为企业提供了重要的管理支持,帮助企业实现持续改进和优化。

3. 有力支持制造业企业高效决策

在制造业企业中,管理者的决策需要综合考虑多个因素,包括产品定价、新产品开发、生产批量等方面。管理会计在这些决策过程中发挥着关键作用,通过提供成本、收入、利润等信息,帮助管理层做出更准确的决策。在产品定价决策方面,管理会计通过对生产成本、销售成本等各项成本的分析,使企业管理层能够更好地确定产品的售价,从而使企业的利润最大化。管理会计还可以帮助企业管理层了解市场需求和竞争环境,从而制定出更具竞争力的产品定价策略。在新产品开发决策方面,管理会计也发挥着重要作用。通过对新产品的投资成本、预期收益等进行分析,管理会计可以辅助管理层评估新产品对企业的贡献和判断是否值得投入资源进行研发和推广,从而有助于企业管理层在新产品开发过程中做出明智的决策,最大限度地提高新产品的市场竞争力和盈利能力,推动企业实现长期发展。

4.积极推动企业信息系统建设

在制造业企业中,管理会计的信息系统建设具有重要意义。信息系统的建设不仅可以提高企业内部信息流动的效率,还可以帮助企业更好地进行信息整合和分析,从而更及时、准确地掌握企业内部的各项数据和信息。一方面,信息系统在成本核算方面发挥着关键作用。通过信息系统支持的成本核算功能,企业可以对各个生产环节的成本进行精确计算和分析,包括原材料成本、人工成本、制造费用等。这有助于企业管理层全面了解各项成本的构成和分布情况,为制定成本控制策略提供依据。另一方面,信息系统在作业成本控制方面发挥着重要作用。通过信息系统的支持,企业可以实现对生产作业的实时监控和跟踪,及时发现生产过程中的问题和异常情况,从而及时采取相应的措施进行调整和优化,保证生产活动的高效进行。此外,信息系统还能够支持企业的绩效评价工作。通过对各项业务指标和绩效指标的监控和分析,企业可以全面评估生产活动的效率和质量,及时发现问题并采取改进措施,从而提高企业的绩效水平。在制造业企业中,信息系统的建设对于管理会计具有重要意义,有助于提高企业的管理效率和决策水平,为企业持续发展和打造竞争优势奠定坚实的基础。

第四节　子公司的治理

一、关系型企业发展历程与特征

在"二战"后的重建时期,东亚地区的企业集团如雨后春笋般涌现。得益于西方国家的经济援助和当地政府的产业振兴战略,这些新兴企业迅速崛起。这些政策不仅为当地制造业企业的全球参与铺平了道路,而且促进了先进技术和管理经验的引进。同时,各国政府也积极推动外销市场的发展,引领了以出口为主导的工业化浪潮。

在这一历史背景下,一些企业家凭借其敏锐的商业嗅觉和坚定的创业精神,抓住了时代的机遇,成功创立并经营了自己的企业。这些企业家作为行业的开拓者,不仅具有强烈的使命感,还拥有与成功追求相匹配的个性特征和工作伦理,勇于在各自的领域内开疆拓土,成为行业的奠基人。

在这些企业集团内部,母公司与子公司之间的关系基于深厚的情感纽带和共同的利益追求。集团成员之间常以"兄弟姐妹"相称,这种情感纽带常被用来衡量集团内部的团结程度。而在利益层面,各公司遵循明确的责权利原则,以确保企业关系的健康发展。

这些子公司的领导者高度重视统筹协调的管理方式。他们建立了总部组织作为决策支持的核心,旨在集中处理共同事务,提高效率和质量,并通过总部组织实现对整个集团的统一指挥、协调和控制。总部组织的命名和功能完全基于企业的战略发展需求,早期名称多样,如总管理处、联谊会或联合服务处等。

特别值得注意的是,子公司及其总部组织在东亚地区民营企业的集团化过程中发挥了核心作用。随着企业规模的扩大和子公司数量的增加,集团企业逐渐形成了管理密集型结构,需要一个辅助决策的组织来协助完成战略规划和计划任务。

以某大型企业集团为例,其成功的关键在于拥有一个真正意义上的总部组织。该集团坚信企业的成功依赖于经营者的明确信念和坚定决心。他们认为,企业道德、公司治理和企业竞争力是相辅相成的,不存在冲突。为了实现这一理念,该集团建立了企业总管理处,并在各子公司设立了总经理室。这些机构的主要职能是建立完善的制度、操作细则和标准,确保公司治理的透明度,明确员工的责任、目标和规范,并通过培训、执行、审计和持续改进,确保集团内各子公司、各单位的管理模式、工作质量符合企业标准。

二、子公司的治理结构与主要特征

东亚地区的企业集团构建展现出独特的组织架构特征,与传统西方公司的母公司模式存在本质区别。这些集团的子公司并不具备法人资格,也无须经过正式的工商注册流程。其领导层的构成,往往是集团的创始人,他们领导子公司的同时也领导旗下所有公司。这种领导地位的获得,更多是基于集团内部的推崇和关系网络,而非公开的选举。

在这些集团中,如果设立了总部组织,尽管其名称和组织结构可能因企业而异,但通常对外统一称为"总管理处"。总管理处可以作为集团的中心枢纽,也可以独立运作,但其共同点在于具备完善的办公设施、层级化管理和专业团队,以处理日常运营事务。

总管理处本身也不进行工商登记,它可能被视为内部的管理机构,或作为集团内部成员间的联络平台。尽管旗下分子公司具有独立法人资格,甚至在公开市场上市,但它们依旧通过总管理处与外界互动,并接受其管理和协调。

子公司的治理结构的核心在于由创始人构成的"核心关系圈"。这个圈子由关键股东组成。他们通过持股对企业施加控制,参与企业决策和经营。这种基于股权的控制结构,使得创始人及其联盟在企业中拥有决定性的影响力。

通过这种结构,东亚地区的企业集团能够灵活地适应市场变化,同时保持紧密的内部联系,实现高效的决策流程。这种独特的组织形式,不仅体现了当地商业文化的特色,也为集团的长期发展提供了坚实的基础。在集团公司的复杂网络中,子公司的角色并非传统意义上的持股实体。它们主要通过精细的管理策略来施展其影响力。这些子公司的控制权被巧妙地集中在创始人及其家族的手中,他们不仅是公司的大股东,更是日常运营的核心力量。通过子公司间的交叉持股,形成了一个强大的控制网络。这与西方企业界普遍实行的所有权与经营权分离的模式形成鲜明对比,体现了一种独特的管理与股权控制融合的模式。

学界普遍认为,子公司是商业关系网络中的特殊节点,这些关系网络不仅基于交易和投资的联系,更深层次地根植于家族成员之间的紧密纽带。在这些子公司的内部,存在着一种持久而特殊的联系,这种联系深刻地影响着企业的经营策略和决策方向。"关系"一词在子公司的语境中,超越了其原始的物质组织结构的含义,转而泛指商业组织中个体间的情感与利益的交织。"关系"不仅是子公司的显著特征,也是理解和剖析其运作模式的关键所在。

在东亚地区,这些子公司自建立之初便开始了它们的成长之旅,从稚嫩到成熟,从弱小到强大。它们中的一些因卓越的经营策略而持续繁荣,而另一些则可能在面对市场和内部挑战时经历了重组甚至消亡。然而,不可否认的是,子公司作为高效的经济组织形式,已成为推动地区经济长期增长的中坚力量。特别是在 20 世纪中叶,子公司在"起飞阶段"扮演了重要角色。随着 20 世纪 70 年代一些地区推行重化工业发展战略,子公司开始向更大规模和集团化方向发展。它们在产业链的深度整合、生产与销售的规模化及管理能力的强化方面取得了显著成就,显示出它们在地区乃至全球经济中的重要地位。

随着全球化的不断深入,这些子公司不再局限于本土市场,而将视野扩展到了国际舞台。它们通过持续的技术创新、市场拓展和管理优化,不仅巩固了自身的市场地位,也为地区经济的多元化和可持续发展做出了贡献。这些子公司的发展轨迹,提供了关于创新、适应和持续成长的典范,为我们理解现代企业如何在复杂多变的商业环境中生存和繁荣提供了宝贵的视角。

三、子公司的法律环境变迁

20 世纪 70 年代,这些集团的子公司成长停滞不前,其原因一方面与该地区投资环境的变化、市场开放度不足和政策的保守性有关,另一方面也与子公司自身的制度化进程有关。在这一时期,一些较大的子公司在公司治理和经营管理上遭遇了"成长瓶颈",主要表现为"情感或利益关系链的断裂"。这种断裂对子公司的成长产生了负面影响,导致了财务困境、经营不善,以及分家、分裂或分殖等问题。这引发了学界长时间的讨论和争议。尽管存在不同的声音,但社会对子公司的弊病和法律规制的空白采取了一种"容忍和默许"的态度。

然而,随着时间的推移,这些子公司逐渐克服了成长中的障碍。通过不断的自我革新和适应市场变化,它们开始展现出新的活力。特别是在全球化的背景下,这些企业开始寻求更广阔的市场和更高效的运营模式。通过技术创新、管理优化和市场拓展,它们不仅在本土市场取得了成功,也在国际舞台上崭露头角。

此外,政府和社会各界也开始意识到,要促进企业的持续健康发展,就需要营造一个更加公平、开放和透明的商业环境。因此,政策制定者开始出台一系列改革措施,旨在打破旧有的体制束缚,激发企业的创新活力和市场竞争力。这些措施包括简化行政审批流程、降低市场准入门槛、加强知识产权保护等。

同时,企业自身也在不断加强内部治理,提高管理水平。许多企业开始引入现代企业制度,如股份制、董事会制度等,以提高决策的科学性和透明度。此外,企业还开始重视人才培养和激励机制,通过提供更多的培训和发展机会,吸引和留住优秀人才。

总之,尽管20世纪70年代该地区的子公司面临着诸多挑战,但它们通过不懈努力,最终实现了跨越式的发展。这一过程不仅体现了企业的韧性和创新精神,也反映了社会环境和政策导向的积极变化。展望未来,这些企业有望在全球化的大潮中继续发展壮大,为地区乃至全球的经济发展做出更大的贡献。

到了1997年,该地区的子公司立法进程取得了显著进展。"公司法"中增加了"子公司专章",为子公司的规范化运作提供了坚实的法律基础。子公司作为一种具有地域特色的经济组织形式,逐渐获得了社会的广泛认可和支持。然而,1998年东南亚金融危机期间,数十家子公司暴露出了诸多问题,如扩张过快、财务造假、违法融资等。这些问题不仅凸显了规范集团企业经营行为的复杂性,也表明了仅依靠立法难以完全消除弊端,需要企业家的个人品质、企业内部的制度和结构共同发挥作用。

学者们从多个角度深入探讨了子公司形成的原因。一些专家认为,子公司的兴起与该地区缺乏反托拉斯法和实行的"奖励投资条例"密切相关。在缺乏反托拉斯法约束的背景下,子公司可以自由选择最有利的组合方式进行集团化发展。而奖励投资条例中的税收减免政策,如"新投资创业的生产事业可享受五年免税"等,降低了企业增加产能的倾向,促使其更倾向于通过成立新公司来扩大规模。

尽管"公司法"允许企业通过变更登记营业范围来扩展业务,但子公司发现这一过程通常十分烦琐,且难以获得批准。因此,它们更倾向于通过成立新公司来解决这一问题。一些学者从投融资角度分析了子公司兴起的原因。他们认为,在面临新的投资机会时,企业通常会通过相互背书向银行融资。在这种情况下,子公司的负责人发现,通过多家子公司分别融资的力度和金额不仅高于单个企业,而且更加自主。当然,在自有资金不足时,子公司必然会寻求外部资金来源。因此,当内外部资金结合后,企业负责人往往选择在子公司框架下成立新公司以进一步扩张。

其他学者则从经营管理的角度探讨了企业结合的动因。他们认为,随着企业规模的扩大,采用多部门独立经营的方式有助于发现和培养管理人才,促进沟通和协调。此外,企业家为了应对环境变化,尤其是为了分散市场投资风险而采取多元化发展战略,这也为设立更多的子公司提供了条件。

至今,许多企业仍然采用子公司的公司治理结构,并在这种结构下成长为世界级集团企业。一个企业的成长总是与其所处的社会环境和历史条件密切相关。从日本的财团、美国的控股公司,到欧洲的辛迪加和卡特尔,都是社会环境演变的综合产物。

子公司的"总部组织"仍以"超法律"形式存在。尽管所有权与经营权的分离并不明显,但企业家通过顶层设计和操作,使各子公司之间能够形成"利害共同,同属一体"的关系,并能够应对企业成长过程中出现的各种危机和困难。这种独特的治理结构,为子公司的持续发展提供了坚实的基础。

随着全球化的不断深入,子公司的治理结构也在不断地演进和完善。企业需要更加灵活地应对市场变化,更加高效地配置资源,更加注重创新和人才培养。同时,政府和社会也需要为企业提供更加公平、透明、有利于创新的商业环境,以促进企业的可持续发展。

在这个过程中,企业家的领导力和战略眼光至关重要。他们需要在全球化的大背景下,准确把握市场脉搏,制定合理的发展战略,引领企业不断前行。同时,企业家还需要注重企业文化的建设,培养员工的团队精神和创新意识,为企业的长远发展打下坚实的基础。

总之,子公司的兴起和发展是一个复杂的过程,涉及法律、经济、管理等多个方面。只有通过多方面的努力,才能促进子公司的健康成长,使其在全球化的大潮中不断壮大,为地区乃至全球的经济发展做出更大的贡献。

第五节　顶层管理设计:子公司模式与企业集团模式的比较

一、子公司模式与企业集团模式的特征差异

尚未有直接证据显示,子公司的组织形式是模仿日本企业集团的组织形式的产物。然而,若以某大型企业集团的所有权性质和管理控制结构作为参照样本,则可以发现,子公司模式与企业集团模式之间仍存在许多相似之处。

对某大型企业集团与日本企业集团进行比较,我们发现,除涉及的产业领域和总部组织及其功能存在差异外,最大的不同在于:日本企业集团通常以银行、保险公司等金融机构为核心,通过为各相关企业提供投融资便利来谋求成长和壮大;相反,某大型企业集团必须通过其他途径解决资

金问题。如表 1-2 所示。

表 1-2　某大型企业集团与日本企业集团特征比较

日本企业集团	某大型企业集团
集团内各企业之间存在环形持股关系,即多向交叉持股,不同于西方模式中的双向射线式持股	该集团的前十大股东主要包括创始人兄弟个人持股和各分子公司之间的交叉持股
集团代表其所属企业进行共同投资	许多大型投资项目由该集团代表相关分子公司共同进行谈判、融资或出资,尽管各分子公司之间的责任和利益都被划分得非常明确
集团由法人大股东的代表会领导	该集团设有行政委员会(也称为 7 人决策小组),其成员包括四大公司的董事长等,他们同时兼任四大公司中的一个或多个法人代表,并交叉担任常务董事或董事
集团以大都市银行为核心,银行的社长通常是社长会中的实权人物	该集团不设有银行等金融机构
综合商社通过在集团内外进行购销活动,成为集团的另一个核心	该集团设有总管理处,是整个集团的经营管理核心,负责处理财务、采购、营建等共同性事务;销售业务的权力下放至各分子公司或事业部;总管理处下设有总经理室,主要负责整个企业的制度建设及执行效果的跟催、稽核等工作。这一机构是各子公司间实现"制度化"联系的核心
以银行和综合商社为核心,主要发展重工业、轻工业等第二产业,同时向第一、第三产业广泛扩张	以四大公司为核心,在实现了石化上中下游的垂直整合后,向电子原材料、纺织、机械、生物科技、物流、信息等相关领域扩张

　　几十年来,某大型企业集团一直未涉足金融业或其他投机性事业,而是坚持"将资源全部投入具有生产性收益的项目"[①]这一原则。对于投资项目所需资金,其做法与美国老牌大企业非常相似,即主要依靠自有资金或

---

　　①　作为制造业企业,能否坚持把资源全部投入具有生产性收益的项目,是衡量一个大型企业集团是否具有现代性和创新性的重要标准。进一步的论述请参见玛丽·奥沙利文. 公司治理百年:美国和德国公司治理演变[M]. 黄一义,谭晓青,冀书鹏,译. 北京:人民邮电出版社,2007:12－46.

留存收益,其次是银行借贷或在海内外发行企业债,少量通过证券市场进行股权融资。[①]

企业集团通过其子公司间的深度整合,追求一种超越单一产品或市场控制的全面战略布局。这种整合不仅体现在交叉持股和共同事务部门的建立上,更体现在统一的规范制定、财务审计、投融资协调和交易关系的整合,以及高层管理人员的互任等方面,这些共同构成了企业集团稳健运行的基石。

在这一过程中,各子公司不仅着眼于市场扩张,更致力于实现规模经济和综合效益的最大化。这种追求受到企业家的战略视野和集团总部的统筹能力的积极影响。在那些联系更为紧密的子公司中,企业家的视野超越了单纯的个体利益,他们追求的是一种整体的协同效应,使得集团的整体表现能够超越子公司的简单叠加,实现"1+1>2"的增值效应。而在联系较为松散的子公司中,企业家可能更多地关注各自的子公司的独立利益,难以形成集团层面的合力。

该集团的总部——总管理处,扮演着"严密的管理系统"的核心角色,其精心策划的协调活动不仅为子公司带来了实质性的利益,而且加强了集团内部的凝聚力。此外,"资本所有者即企业经营者"的治理模式进一步强化了子公司间的内在联系。在该集团所在的地区,即便是规模较大的子公司,也未普遍出现西方意义上的"两权分离"现象,而在规模较小的企业中,"两权不分离"的现象尤为突出。

---

① 据调查统计,在1927—1977年间,美国非金融类公司的资金中约有80%来源于利润留成,另各有约10%来源于债务发行和净股票发行。进一步的论述请参见 CICCOLO J H, BAUM C F. Changes in the balance sheet of the US manufacturing sector:1926—1977[M]. Chicago:University of Chicago Press,1985:81-116;FRIEDMAN B M. Corporate Capital Structures in the United States[M]. Chicago:University of Chicago Press,1985:81-109.

子公司间联系的紧密程度,并非完全由企业家的个人意志所决定,而是更多地取决于他们为企业设计和构建的关系网络和组织结构。可能的原因有如下几个方面。

(1)许多子公司的起源可以追溯到个人、家族、股东群体或核心公司,这种深层次的情感纽带和心理认同感对它们之间的紧密联系起到了关键作用。

(2)为了实现经济利益的最大化,子公司更倾向于采取集中化的决策机制,共同制定长远的发展战略和成长目标。

(3)子公司之间普遍存在上下游或横向的业务联系,它们需要共同制定统一的制程标准和产销规范,以确保关联交易的价格稳定和公平合理。

(4)为了在激烈的市场竞争中站稳脚跟,子公司纷纷建立了某种形式的总部组织,这些总部组织通常以中立的姿态,为各分子公司提供管理共享服务,通过降低成本,形成价格竞争优势,从而将各子公司整合为一个高效运作的有机整体。

尽管许多子公司最初是作为家族企业起步,但它们也是老一代企业家追求现代化企业组织形式、适应现代工业需求的结果。随着子公司不断积累资本、推动技术创新、重塑组织结构,并优化管理制度,它们逐步为当地工业的成功奠定了坚实的基础。这一现象不仅引起了学术界的广泛关注,也引发了人们对现代企业组织形式的深入思考。尽管对子公司的评价存在分歧,但它们在推动经济发展和技术创新方面的积极作用是不容忽视的。

在深入剖析某大型企业集团的发展历程时,我们发现了一个引人深思的现象:企业的集团化和规模扩张并不必然与家族企业制度挂钩。

在该集团的子公司成长过程中,"关系"和"结构"是两个关键的概念。它们不仅定义了子公司的特点,也揭示了其内在本质。通过关系网络构建的结构,展现了子公司的外在形态;而结构内部的责权利划分,则体现了子公司的内在运作机制。例如,子公司之间的紧密合作和资源共享,不仅加强了集团的整体竞争力,也促进了子公司之间的协同发展。

历史经验告诉我们,子公司的发展在很大程度上依赖于企业家能否灵活地根据关系调整结构或根据结构协调关系。虽然集团的总管理处在形式上超越了各子公司,但实际上,它更像是一个连接各子公司的中心枢纽或内部控制机构。由于不同子公司的发展战略和成长方式的差异,形成的"关系结构"也各有不同,有的紧密,有的较为松散。例如,一些子公司可能在技术研发上与总部紧密合作,而在市场拓展上则展现出较强的独立性。

通常,"关系结构"越紧密,总管理处的控制力就越强,子公司对总部的依赖性也就越强;相反,如果"关系结构"较为松散,总管理处的控制力就会减弱,子公司的独立性就会更加突出。在后一种情况下,总管理处的功能更接近于一个高端的商业俱乐部,成员数量有限且缺乏强制性的纪律约束。

过去10年的研究表明,如果不深入探讨经济伦理和文化维度,就难以全面理解东亚经济奇迹背后的增长逻辑和企业组织。同样,对于子公司中的"关系结构",研究者也应该从经济伦理和企业文化的角度进行探讨。例如,一些子公司在面对市场变化时,能够迅速调整其经营策略,这往往得益于背后的企业文化中强调的创新性和灵活性。

早期的子公司创始人深受民族文化中的经济伦理影响,将一些基本的道德原则视为组织生存和发展的基石。例如,"勤劳朴实""诚实守信"等价值观,被这些创始人视为调节"关系结构"的重要道德准则。实践证明,坚守这些道德准则对于企业的持续成长至关重要。这些价值观不仅塑造了企业的内在精神,也成为其对外交往的重要准则。

二、子公司永续运营的核心要义与关键点

子公司的持续发展和成功运营,其核心在于构建一个以情感和利益为

基础的伦理联系网络,而信任则是这个网络的基石。在公司治理的实践中,信任意味着坚守规则和道德准则,确保"按规矩办事"。多数子公司都认识到,在子公司之间的交易,以及与外部世界的互动过程中,高信任度是至关重要的。

这种信任的建立,不仅仅基于情感的纽带,更是基于对道德的尊重和遵守。当子公司之间的相互信任达到较高水平时,它们能够更频繁、更高效地从交易中获益。这种信任的"连锁反应"已经成为推动子公司发展的关键动力。因此,评估子公司结构稳定性的一个重要指标,就是其是否能够确立并遵循一套清晰的交易原则。

深入的访谈和调查研究揭示了子公司从依赖个人信任向建立社会信任的转变过程。子公司可以被视为一种特殊的企业组织形式,它将追求商业利益和情感联系的人们聚集在一起。在这个组织中,人们通过履行责任、行使权利来获取利益,逐渐形成了一种基于理性的信任治理结构。

尽管许多子公司起源于家族企业,但它们并没有在新的政治经济环境中完全回避与非亲属企业的交易。相反,它们积极构建私人关系网络,展现出在建立和维护这些关系方面的高超技巧。

一些子公司虽然重视人际关系网络,但并没有过度依赖它来进行商业活动。这种做法不仅节省了宝贵的时间、精力和经济成本,而且使它们能够成功地与国内外的企业展开竞争和合作。在传统文化背景下,子公司倾向于将通过商业组织形成的情感联系比喻为"兄弟关系"。这种比喻不仅体现了寻求和保持双方所需的"家庭式忠诚",更重要的是强调了合作双方在承担责任、行使权利和履行义务方面的自觉性。

学者们的研究进一步发现,仅仅依靠"家庭式忠诚"并不足以确保子公司的长期稳定运营,尤其是在面对经济利益的诱惑或成长过程中的挑战时,即使存在血缘关系,这种忠诚也可能在关键时刻显得脆弱。因此,企业创始人在设计子公司的公司治理结构时,主要目标是让"兄弟关系"成为主导企业价值创造活动的主体,而不仅仅是为了维护一个关系网络。

学界在分析子公司时,常常采用欧美企业的"两权分离"模式。然而,这种分析方法可能并没有反映出子公司的真实情况。从子公司诞生之初,它们就是当地政治、经济和文化综合作用的结果。企业家根据当时的社会环境和企业的实际需求,巧妙地编织了他们的"关系"和"结构"。

一些有远见的企业家在企业创立初期就意识到了家族企业存在的问题,并尝试通过引入外部投资者和职业经理人等外部力量来调整企业的发展战略和结构。这种调整旨在保持核心关系圈内的权力平衡,维持企业的经营活力。

然而,由于经济社会的演进和企业的实际情况的变化,部分地区引入外部力量和关系非常困难,至少在短期内是如此。尽管外部力量和关系的介入意向通常与企业的盈利能力呈正比,但在某些情况下,它们可能与企业家的个人考虑和战略思路相冲突。这可能是子公司"两权分离"进程缓慢的原因之一。

在企业初创阶段或面临困境时,外部力量或关系往往不愿意介入。例如,某大型企业集团的创始人在面临原材料销售困难时,不得不割让资产以换取其他股东的股份,来维护公司的和谐关系。这些历史事实表明,企业家并不是阻碍"去家族化"的主要因素。他们在复杂的经营环境中采取了巧妙的策略,成功地保持了对企业的控制权,并使企业渡过了重重难关。

子公司的治理实践表明,"两权分离"并非万能之策,而"两权不分离"也无法解决所有问题。在区域文化的背景下,子公司能否实现永续经营,关键在于企业家是否能够在保持"兄弟关系"的同时,建立起一套有效的"责权利原则"。这种原则不仅能够确保企业的稳定发展,还能够在面对外部挑战时,展现出更大的灵活性和适应性。通过这种方式,子公司能够在不断变化的市场环境中,实现长期的繁荣和成功。

案例 "兄弟关系＋责权利原则"的理论分析框架

我们观察到,"关系"在子公司文化中几乎成了一个代名词。即使在子公司的早期发展阶段,各方之间的联系已经呈现出了多样化和复杂化的趋势。随着企业规模的扩大,更多新关系开始涌入企业。在这个阶段,企业家提出了一系列核心价值观,引导各方的思维和行为方式,以确保相互之间的情感联系能够有利于实现企业的共同目标。

在处理具体的经营管理问题时,企业家反复强调并应用这些核心价值观,试图影响各方的行为方式。随着时间的推移,各方发现,遵循这些核心价值观不仅有利可图且前景可期。因此,各方之间的情感和利益联系开始表现出某种程度的统一和稳定,即在维护关系和分配商业利益方面,任何形式的"产权不清"和"搭便车"行为都是绝对不允许的。

子公司文化的形成过程大致如此。在早期阶段,企业呈现出自然的成长趋势,企业家的主要任务是初步确立"责权利原则"。也就是说,以创始人为中心,按照一定的共同商议的责权利原则,不断地"清理"或"扩展"核心关系圈;或者由创始人提出一些核心价值观,并根据共同商议的责权利原则来约束"被扩展"或"被清理"的新关系。例如,对于新成立的子公司以及新聘任的管理人员,核心关系圈首先关注的是新成员或应聘者的价值观是否与企业的核心价值观相符;其次是他们是否能够坚持已接受的核心价值观,并按照事先商议好的原则履行职责。此外,对于已经加入的新成员或新关系,企业创始人及其核心关系圈通常会以身作则,言传身教,成为核心价值观和责权利原则的表率。

中华传统文化,尤其是儒家文化,与企业家的领导统御能力、治理架构、管理体系、组织结构以及产品销售过程均存在密切联系。① 企业文化一旦形成,将对各方关系产生深远影响。然而,由于其"非正式"的特性,子公司文化在约束新关系方面常显不足。笔者发现,只有将共同认可的核心价值观落实到一套所有人都认同的责权利原则上,企业文化才能对各方的行为言论起到约束作用。总的来说,子公司治理结构的基本特点可以概括为"兄弟情谊"与"责权利原则"。这一特点对子公司的经营能力形成了考验,因为在平衡"兄弟情谊"与"责权利原则"上,企业家常常陷入多重两难境地:有时候,实现"亲兄弟"相对容易,但实现"明算账"却极具挑战性;而在另一些情况下则截然相反——实现"明算账"相对容易,但实现"亲兄弟"却十分困难,尤其是要做到"永远能够做到明算账的亲兄弟"更是难上加难。

基于此,可以将子公司企业家的职能分为两个主要方面:一是"兄弟情谊的管理者",即如何处理"兄弟情谊"问题的"艺术家";二是"责权利原则的制定者",即如何做到"明算账"的"科学家"。在子公司的管理实践中,虽然"兄弟情谊"对企业成长的影响巨大,但在日常管理活动中,并不一定比"责权利原则"更为重要。因为在正常情况下,企业家不可能仅仅依靠"兄弟情谊"来治理企业,更重要的是如何依据"责权利原则"来管理各种关系,即使是新关系,也必须加以规范化处理。

在子公司的组织结构下,将"兄弟情谊"与"责权利原则"真正融合起来,使其成为推动企业长期发展的一种机制安排,往往是子公司创始人一生追求的根本目标。以某大型企业集团为例,出于企业家的直觉和责任感,集团的创始人致力于将"亲兄弟,明算账"这一原则付诸实践,并采取了

---

① Silin 于 1976 年在哈佛大学完成的博士论文可能是最早系统研究这一方面问题的学术成果。参见 SILIN R H. Leadership and values:the organization of large-scale Taiwan enterprise[M]. Cambridge:Harvard University Press,1976.

多项推动举措。早在 20 世纪 60 年代,创始人就结合个人经历,提出了强化"兄弟关系"的基本理念——"切身感"。"切身感"是指"就像是为自己工作那样为集团工作"。这句话虽然听起来简单,但其背后传达的伦理内涵却赋予了集团的企业文化一定的强势特质。在创始人看来,除"兄弟"之外,还有谁能像为自己工作那样为集团工作呢?显然,"切身感"一词已经超出了一般人所能理解的常规伦理或道德,反而更像是对集团公司治理结构基本运行原理的总结。

为了确立"责权利原则",该集团的创始人于 1966 年明确提出了集团的发展战略——"严密组织""分层负责"和"科学管理"。随后的 10 年里,他在企业内引发了一场管理革命,并将他的战略思路一一付诸实践。这个故事很好地验证了一个管理学原理,即企业家的战略选择决定了企业组织形态演变的结果①。

研究显示,这一发展战略可以视为集团创始人通过"责权利原则"来处理各种关系的整体性思路。这标志着该集团具备了现代正式企业组织的关键特征,其作用不仅在于使原有的"兄弟关系"具有连续性,同时也使新的"兄弟关系"加入后更有归属感。更有趣的是,原有的企业文化并没有因为这一发展战略而削弱,反而因为更多战略目标成功实现,或者说企业绩效迅速提升,而变得更加强大。

---

① 参见 CHANDLER A D. Strategy and structure:chapters in the history of the industrial enterprise[M]. Cambridge:MIT Press,1962.

第二章

责任经营制度

第一节　建立责任经营制

在 20 世纪 60 年代,具有远见卓识的某大型企业集团创始人深刻认识到了事业部制度、利润中心制度和目标管理制度的专业性和先进性。他决心将这些制度全面引入,以解决企业在快速发展过程中遇到的管理效率问题。这些制度的引入,与 1966 年集团创始人提出的"严密组织""分层负责"和"科学管理"的战略思路相辅相成。在此之前,集团已经在 1966 年设立了总管理处,并成立了经营研究委员会,为这些管理制度的引入奠定了坚实的基础。

然而,尽管这些管理制度的引入带来了新的管理理念,企业在 1967 年至 1970 年间仍然面临一系列组织和管理上的挑战。创始人发现,尽管提出了战略思路,但企业的组织结构并未如预期那样进行调整,仍存在功能缺陷和缺位。直线职能结构导致业务单元责任不明确,数据和资料不完整、不真实,时常出现失控的情况。总管理处与其他部门之间的职责和权限不清晰,缺乏统一协调,导致争功诿过和相互扯皮的情况时有发生。核心业务流程不明确,内部控制体系不完善,稽核与跟催职能不全面,导致管理漏洞频发,企业资源大量浪费和流失。此外,组织结构完全以职能为导向,虽然看起来简单且管理层级不多,但某些部门的职能却复杂烦琐,难以以市场或客户为核心,为经营层提供适应环境快速变化的有效的决策支持。

面对这些挑战,创始人没有放弃,而是继续寻求解决方案。他深入研究了琼·伍德沃德(Joan Woodward)的管理学著作,特别是关于组织结构特征与技术类型关系的统计表格。如表 2-1 所示。根据伍德沃德的分类,该集团属于流程生产技术类型,生产过程高度流程化,使用的技术大多是常规性技术。这意味着该集团的组织必须高度结构化,控制和协调方法也必须根据生产技术类型进行调整。创始人还特别关注了伍德沃德对英国企业总体结构特征的评价,希望从中获得启示,为集团的组织和管理提供新的思路。在这一过程中,创始人展现出了非凡的洞察力和解决问题的决心。他不仅关注理论,更注重实践,努力将先进的管理理念与集团的实际情况相结合,不断探索适合集团发展的管理模式。通过引入和实践这些管理制度,集团逐步建立起了一套更加科学、合理的管理体系,为企业的长远发展奠定了坚实的基础。这一过程也充分证明了,一个企业要想在激烈的市场竞争中立于不败之地,就必须不断学习和创新,勇于面对挑战,不断优化自身的组织结构和管理方式。

表 2-1　组织结构特征和技术类型的关系

技术类型 组织结构特征	单件小批量生产技术	大批量生产技术	流程生产技术
纵向管理层级	3	4	6
高层管理人员的控制幅度	4	7	10
基层管理人员的控制幅度	23	48	15
管理人员与一般人员的比例	1∶23	1∶16	1∶8
技术人员的比例	高	低	高
规范化程度	低	高	低
集权化程度	低	高	低
复杂化程度	低	高	低
总体结构	有机	机械	有机

该集团创始人在管理学的深厚土壤中,汲取了伯恩斯和斯托克于1961年提出的机械式组织与有机式组织理论的精华,巧妙地将两种模式的长处相结合,以期在组织管理上取得创新突破。机械式组织以严格的控制和高

度专业化著称,而有机式组织则以灵活性和适应性为优势。企业通过建立总管理处,引入了一支专业的辅助决策团队,这支团队不仅强化了企业的规划和控制能力,而且通过制度化管理,确保了企业战略的稳步推进。

创始人将这些辅助决策人员视为企业生命力的象征,他们不仅肩负着推动长期目标实现的重任,同时也确保了短期目标的高效执行。展望未来,辅助决策部门将引导各公司制订和实施长短期经营计划,将长期愿景与短期行动紧密结合,使企业目标更加切实可行。

企业通过将总体目标细化为各个层级的次级目标,构建了一个全面而细致的管理控制系统,该系统由如下五个关键步骤组成。

(1)责任划分。通过将企业按产品线划分为事业部和利润中心,每个单位的职责和任务被清晰界定。这种分工优化了人员与任务的匹配,实现了从传统指令式管理向现代责任制管理的转变。

(2)目标导向。目标管理成为责任经营的核心,将企业的宏伟使命细化为可量化和可执行的具体目标。这种参与式和自我控制的管理方式,激发了员工的积极性和创造力。

(3)激励机制。建立在相互信任基础上的激励体系,通过研究斯坎隆计划,构建了一个既重视利润分享又强调效益共享的机制,增强了员工的归属感和忠诚度。

(4)企业诊断。通过内外专家的共同努力,进行深入的管理分析和持续的改善。辅助决策人员在此过程中发挥着诊断和监督的关键作用,确保业绩的准确计量和标准的严格比较。

(5)电脑化管理。利用先进的信息技术,建立一个正式的报告系统,实现对数据和信息的实时监控。这不仅提高了管理效率,也使高级主管能够迅速捕捉市场动态,做出及时的战略调整。

这一系列精心设计的管理措施,不仅凝聚了创始人对企业发展的深思熟虑,也体现了他对企业潜在效率问题的敏锐洞察。这些措施为企业的可

持续发展和市场竞争力的提升奠定了坚实的基础,并为企业在不断变化的
商业环境中保持领先地位提供了有力支持。

第二节　制度的体系化和层次化建设

在该集团的其中一家南亚子公司,当时生产的一款塑胶布的质地极不
稳定,再加上产品的颜色偏差,不仅引起了客户的不满,也导致了经济损
失。尽管生产团队曾努力寻求解决方案,但由于配方的保密性和工程师的
反对,问题似乎陷入了僵局。

然而,管理层的深入调查揭示了问题的真正根源:车间内的磅秤存在严
重的准确性问题。由于缺乏有效的管理制度,许多磅秤长期未得到适当的
维护和校准,导致原辅料的配比出现偏差。这一发现强调了在生产过程中,
即使是看似微不足道的环节,也可能对最终产品的质量产生决定性的影响。

面对这一挑战,创始人采取了果断行动,引入了一套专业的管理制度,
并据此建立了责任经营制。到了 1967 年,子公司已经稳健运营了近 10
年,随着另一家子公司的资产并入,公司的营业额实现了飞跃式的增长,达
到了 1.866 亿元。然而,这种快速的扩张也带来了管理上的挑战,特别是
对于一些资深但教育水平有限的老员工而言,他们的管理方式显得过于陈
旧,难以适应新的生产需求。

为了解决这一问题,创始人亲自深入现场,发现了一份全面的领班考
核制度表。这份制度表不仅涵盖了领班工作的各个方面,如产量、收率、质
量等,还建立了与之配套的绩效奖惩机制。优秀领班不仅能够获得更高的
奖金和公开表彰,还能在公司内部树立榜样。而对于表现一般的领班,公
司要求他们在绩效报告会上详细说明情况并提出改进方案,这不仅是一种

监督,也是一次学习和提升的机会。至于那些表现不佳的领班,则会面临更为严厉的处罚。

尽管这些措施在一定程度上提高了领班的工作表现,但创始人意识到,要想彻底解决问题,还需要更深入地了解员工的真实想法。因此,管理层设计了一份领班调查表,以新工厂扩建的名义展开调查,要求员工对领班进行排序,这一过程既保护了员工的隐私,也确保了调查结果的真实性。调查结果令人震惊,许多资深领班的排名远低于预期,甚至低于一些新员工,这反映出公司的管理结构和文化需要进一步改革和更新。

基于这些发现,创始人决定采取更为积极的措施,包括加强领班的培训和发展计划,引入更为灵活和创新的管理方法,以及建立更为开放和透明的沟通机制。通过这些努力,公司希望能够激发领班的潜力,提高整个生产团队的效率和质量,从而推动公司的持续发展。

在对调查结果进行细致的审视之后,创始人深刻洞察到现行奖惩机制存在的三大核心问题。首先,奖惩措施过于简化,采取了单一的"奖或罚"模式,这种做法不仅限制了领班的创新思维,也未能有效地引导其工作方向。其次,奖惩政策更像是一种"操作准则",而非成熟的管理策略,这种执行模式可能会加剧领班的权力集中,导致资源分配不均,对普通员工的激励作用有限,甚至可能削弱员工参与管理的积极性。最后,奖惩措施与集团的整体管理制度不协调,缺乏与"自我管理"理念的直接联系,反映出企业管理制度缺乏整体性和连贯性。

面对这些问题,创始人采取了一系列具有创新性的措施来加强企业管理制度的建设。他强调,在划分事业部和利润中心的同时,要注重"制度的系统化和层次化"。他认为,集团的管理制度应该形成一个有机的体系,各公司需要将企业管理制度细化为规则、办法、准则、细则、作业要点和电脑操作说明等多个层次,并强化各项制度之间的逻辑联系,确保它们相互衔接、相互支持。

为了实现这一目标,创始人提出了如下新的管理制度建设思路和任务。

(1)制度的统一与标准化。统一制度编号和设计制度表单,将制度的规范要求、解决问题、实施对象、推行步骤、评价标准等关键信息整合到表单中;各项管理制度经过分类、分级和编号后,应及时导入电脑系统,实现统一管理。

(2)制度的普及与培训。在制度颁布前,总管理处应组织专门的制度讲解和培训,确保相关人员充分理解制度内容,并在必要时将制度执行情况纳入月度或年度考核。

(3)制度的执行与监督。制度颁布后,应指定专人负责跟踪执行情况,并将执行结果及时上报总管理处。对于执行过程中发现的问题,要深入分析原因,找出症结所在,并及时进行修订和完善。

(4)制度的持续改进。未来对制度的管理不应仅仅依赖人力,而应充分发挥组织的作用。总管理处需要将制度设计、推行、监督和改进等环节固化为企业的作业管理流程,形成一套高效的制度管理体系。

(5)制度的创新。鼓励制度的创新,使其能够适应不断变化的市场环境和企业需求。同时,确保制度的灵活性,以应对不可预见的挑战。

(6)制度的透明化。提高制度的透明度,确保所有员工都能够清楚地了解和遵守。同时,确保制度的公正性,避免任何形式的偏见和不公。

(7)制度的反馈与沟通机制的建立。建立有效的反馈和沟通机制,让员工能够提出对制度的意见和建议,促进制度的持续优化和完善。

通过这些措施,创始人希望能够构建一个更加完善、高效的企业管理制度,激发员工的创新精神和参与热情,推动企业的持续发展和进步。这不仅是对现有制度的一次全面升级,更是对企业文化和管理理念的一次深刻革新。

第三节　事业部制度和利润中心制度

在 20 世纪 60 年代,某大型企业集团开始实施事业部制度。与西方企业相似,该集团的事业部也代表着一种分权化的生产组织形式。创始人着力推进事业部制度的目标在于期望通过这一措施,将产销权力彻底下放给各个事业部,以激发各公司在产销方面的积极性。他的改革思路是将每个事业部视作一个独立的公司,由事业部经理独立运作,对各自的产销目标负责,并拥有相应的资源分配和决策权力,包括制订投资计划、产销计划、确立销售政策,进行产品定价和人力资源规划等。

为了有效监控各事业部的业绩表现,创始人随后引入了利润中心制度,旨在进一步明确各事业部的产销权力,并将其责任具体落实到实践中。在初期,由于事业部数量有限且规模较小,一个事业部实际上被视为一个利润中心,并由财务部门每月对各中心的损益、成本和人力等进行独立核算。创始人认为,事业部是利润中心制度有效运作的组织基础;而利润中心制度则是事业部分权功能的延伸。这两者的结合形成了集团下一步推行责任经营制的基本组织框架。

在该集团旗下的各个子公司中,A 子公司在 1965 年率先实施了事业部划分,分为纤维和塑胶两个部门;1968 年,另一子公司解散,其资产随后并入 A 子公司,并成立了新的事业部。B 子公司也在分权化改革进程中迅速行动,在设立了三个事业部后,于 1967 年开始推行利润中心制度。C 子公司虽然成立于 1965 年,但到了 1970 年下半年,该公司已经划分为 4 个事业部和 24 个利润中心,并初步建立了标准成本制度。

事业部制度和利润中心制度不仅是"十年管理变革"的早期结果,也是创始人战略思路中"严密组织"和"分层负责"的具体体现。自从他在1966年7月的经营研究委员会上提出这一战略思路后,最先发生组织结构变化的是直线生产体系。从具体做法来看,他划分事业部和利润中心并非跟风,而是结合了石化工业的产业和产品特点。他强调集团划分事业部和利润中心的原则:一要注重产品类型,二要重视产销一致性。此外,他还特别强调了产销一致性的重要性。

所谓产品类别,即按照产品种类来划分事业部。该集团主要从事石化原料的连续生产,每种产品的产量都很大。因此,按照产品类别进行划分,既可以避免内部各部门之间的竞争,又有利于实施专业化生产,迅速实现规模经济。所谓产销一元化,指的是一个事业部同时负责生产和销售,不仅在产品、市场和利润方面独立运营,还积极参与相关技术和设备的改进和创新。这种一元化模式可以最大限度地发挥个人技术和专业知识的作用,有助于提高劳动生产率和企业经济效益。

创始人特别强调,只有将生产与销售结合起来,才能全面有效地评估各事业部的经营绩效,使事业部经理能够真正承担起经营责任,并灵活应对市场不景气的挑战。

推行事业部制度和利润中心制度给集团带来了多方面的好处,如激发管理人员的积极性,增强企业的盈利能力,培养高级管理人才等。然而,从管理角度来看,事业部制度和利润中心制度对集团长期发展的贡献不仅表现在使企业组织结构更加稳定,对市场变化有更强的适应性,还可以有效地避免各单位在使用共享资源方面产生内部摩擦。

特别是在"内耗避免"方面,这两项制度的优势主要体现在如下两个方面。

第一,它们为企业内部市场化提供了基础。由于各事业部和利润中心都是根据"独立运作,自负盈亏"的原则运作,它们之间不再是以前的"计划与转拨关系",而是开始逐渐采用市场规则。换句话说,交易价格、数量和质量更多地受市场规则的约束,因为这些事关双方的利益,从而避免了一方的低效率转嫁给另一方的情况。

第二,各单位和个人之间的责权利关系变得更加清晰。从纵向来看,集团的管理层分为"经营层"和"管理层"。在厂处长级以上的人员属于经营层,他们主要负责战略决策、资源分配和人员调配,并享受相应的经营津贴;而厂处长级以下的人员则属于管理层,主要负责推动执行战略决策、跟进执行情况和落实稽核管理责任,并享受效率奖金。从横向来看,创始人将生产和销售的责任明确分开。生产部门负责完成生产目标,销售部门则负责完成销售目标。在正常情况下,两者的收益不会因为任何一方未能履行职责而受到影响。

随着时间的推移,事业部和利润中心逐渐成为集团实施责任经营制的基本结构。此外,随着各事业部规模的扩大,利润中心的数量也在增加。因此,创始人放弃了过去将一个事业部视为一个利润中心的做法,开始将各事业部旗下的工厂也划分为利润中心。在一些规模较大或生产流程较复杂的工厂中,他甚至下令划分更多的利润中心。这些中心虽然在表面上是虚拟的会计核算单位,但实际上受到总部的严密控制,既具有创造利润和管理利润的双重功能,又是不同层次的产品责任单位和市场责任单位。

利润中心制度充分反映了创始人有关"层级责任"的核心理念,他希望通过组织结构的调整,明确显示各利润中心主管的责任范围。针对之前实施事业部制度的情况,创始人设计了集团在第二阶段推行利润中心制度的基本思路,包括如下几个方面。

(1)各利润中心应自行制定产销政策,有权直接控制其成本和收益,采取合理的经营政策以实现最大化利润。如果各利润中心能够实现利润目标,那么公司及事业部的总利润目标也将相应实现。

(2)各利润中心是子公司实现管理控制的工具之一,各级主管应树立"全员经营"的理念,通过领导属员和高效管理完成各项责任目标,包括成本、收益、利润、投资报酬率,以及质量和技术等非货币性目标。

(3)为了避免因本位主义导致各利润中心目标与公司总目标发生冲突,应加强直线辅助决策体系的"集中控制"作用。这里的"集中控制"并非干预利润中心业务活动,而是指进行"善意的事前计划"和"细致的事后检视"。

(4)随着集团组织结构的复杂化和经营规模的扩大,直线辅助决策单位应与各利润中心配合,营造一个"良好的内在组织环境",以激励员工,使利润中心以最经济的方式达成目标管理。

(5)各利润中心应推行责任会计制度,建立完善的责任报告体系,并定期进行绩效评核,显示绩效差异,然后向各中心主管反馈,作为改进和奖惩的依据。

(6)集团管理制度将突出异常管理的特色。高层主管应重点关注例外事件,及时处理对经营绩效产生重大影响的关键事务,并根据情况扩大管理范围,直接评估各项经营成果。

(7)各利润中心必须采取"充分参与"的方式制订各自的目标,强化中心主管的整体目标意识,然后根据这些目标确定各成本中心和个人的分目标。在确定分目标时,各中心主管应鼓励员工积极参与,促使所有员工了解"整体与个体"之间的关系,同时鼓励他们既实现个人目标又考虑整体目标。

(8)当问题发生时,如出现利润降低、成本增加,产生重大技术故障和各种人事纠纷等,各中心主管应及时掌握第一手信息,并采取适当措施进行处理,充分发挥利润中心的灵活性,积极应对市场竞争和行业不景气情况。

实施利润中心制度不久后,各事业部的经营表现开始改善,有些公司甚至在同一年内就呈现出显著改善的迹象。数据显示,创始人的努力取得了巨大成功:集团在1967年推行责任经营制度之初,营业总额仅为3.07亿元。然而,到了1979年,这一数字激增至92.84亿元,仅用了短短的 13 年时间,增长了超过 30 倍。值得注意的是,在 1979 年,正值第二次世界石油危机爆发之际,创始人趁势大举投资美国。当时,他不仅在美国连续并购了多家石化工厂,还将其在经营集团过程中积累的先进管理经验引入美国。

利润中心制度对于提升集团管理水平具有显著的贡献。在实施利润中心制度之前,直线辅助决策体系已基本建立了"事前计划"和"事后检视"的操作机制,为进一步推行责任经营制度创造了条件。此外,事业部组织形态的深化也导致了集团总部的各辅助决策单位日益担负起"外部监管者"的责任。为了避免资源重复配置和效率下降,总管理处不仅加强了政策性协调,还增强了对各单位共性事务的管理控制能力。

另一个角度表明,责任经营不仅仅涉及直线生产体系,而是涉及全面的管理革新。当对直线生产体系进行改革后,创始人迅速启动了对直线辅助决策体系的调整和改革,使其在管理协调中初步具备了"第三者"的角色。责任经营强调责权的分配,并着重于个人绩效评估,这意味着总管理处的辅助决策单位必须保持客观和中立的态度,以实事求是的方式进行沟通、协调、监督和控制。换言之,一旦辅助决策单位明确了自身的责权分配,其工作态度自然会更趋向于客观和中立。

自 1969 年以来,各子公司迅速发现,总管理处的角色已经发生了根本性的改变。它不仅转变成了一个内部管理机构,而且在职权范围上也做出了严格的区分和界定:各共同事务部门负责处理集团的共性事务,例如采购、财务、营建、法律事务、工程发包、出口事务、土地和公关等方面的工作;而总经理室则专门负责集团的制度建设、推动执行、稽核、管理电脑化、预算、投资审核,以及专案分析与改善等方面的工作。

在事业部制度下,创始人强调,尽管企业的终极目标是实现利润最大化,但短期内的利润并非关注的核心,而更应关注绩效,这样的调整更能体现公平和效率原则。他指出,一个利润中心虽然利润率高,但并不代表其绩效就优秀;相反,另一个利润中心尽管出现亏损,但并不意味着其绩效差。因此,在推行利润中心制度的同时,创始人也强调了改革会计部门及其职能的必要性和紧迫性。他指出,会计部门作为直线辅助决策体系的一部分,承担着记录和总结各公司各种经营管理活动的责任,是集团实现内部控制的重要工具,因此他们应该保持"第三者的客观立场"。

要求会计人员定期如实披露各利润中心的经营绩效,这意味着他们不能隐瞒任何信息。例如,会计人员每月都要进行各中心的经营绩效"月结",将实际绩效与目标进行对比,并进行差异分析。为了确保会计信息更好地满足绩效评估的需求,仅仅要求会计人员做到"客观公正"是不够的,关键还在于对会计报表进行改革,使其中的科目尽可能具备"对比分析"的功能。换句话说,会计信息不仅应提供经营结果,还应提供可供对比分析的数据和资料,以便各级主管能够直接通过会计数字发现问题,并对绩效进行评估和改进。

在接下来的几十年里,创始人持续强调加强对会计人员的管理工作。这一举措在多个方面产生了管理上的贡献:首先,在为集团的电脑辅助决策编写各种财务管理软件方面提供了便利条件;其次,在各子公司于1982年分别实现 ERP 和表单化运行方面奠定了基础;最后,由于"内控制度"的不断完善,使得集团各子公司有效地降低了各种经营风险。

经过数年的发展,集团已经形成了多种会计资料,并初步绘制出了自己的"利润中心制度运行示意图",如图 2-1 所示。[①] 主要包括如下内容。

(1)全公司当月的营业成果、财务状况、应收账款和库存的普通会计账册。

(2)各利润中心的利润、绩效成果以及与目标的比较。

---

① 黄德海. 严密组织、分层负责与效益分享[M]. 北京:清华大学出版社,2014:257.

（3）各利润中心损益差异分析报告。

（4）针对每种规格产品进行的获利性分析，以供营业单位在争取订单时参考。

（5）针对各利润中心的经营绩效进行的差异分析，并及时提供分析报告。

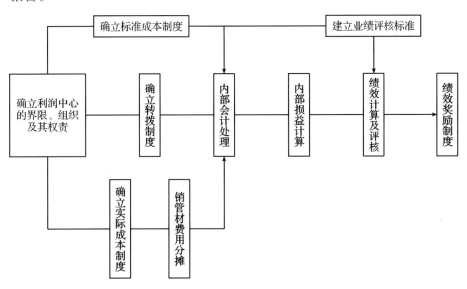

图 2-1　某大型企业集团利润中心制度运行示意图（1969 年）

案例　通过午餐汇报会培养企业执行力

在数年的发展历程中，各公司逐渐明确了利润中心的定位，集团也初步构建了责任经营的框架。尽管如此，一系列已经推行的管理制度，包括目标管理、绩效考核与奖励、成本控制等，如何确保这些制度真正落地并转化为实际成效，依然是一个悬而未决的难题。这个问题可能永远伴随着我们。它不仅关系到如何持续强化基层单位的执行力,也使整个执行过程显得漫长而复杂。

1970 年初,集团的创始人在一次偶然的视察中,意外地发现了一个问题。他前往南亚子公司下属的一家硬质塑胶管厂进行考察。在厂区门口,他目睹了一名保安正在为一辆满载胶管的货车称重。创始人上前询问,如果盘点数量与运单不符,该如何处理? 保安的回答是,需要司机卸货重新点数。创始人当即指出这种做法的不可行性:一是卸货再盘点会耗费大量时间,且不同规格的胶管难以快速清点;二是不可能要求所有车辆都卸货检查,这样既不现实也效率低下;三是卸货需要人力,这既浪费资源也耽误时间。

回到办公室后,创始人利用午餐时间召集相关人员进行了紧急会议。他认为,工厂门卫制度的漏洞与内部包装、入库和发货等管理制度的不完善密切相关。他要求管理层将门禁制度纳入午餐汇报会的讨论议程。这一命令迅速得到了从总管理处到各工厂的响应,显示了管理体系的反应速度和执行能力。

经过一个多月的调查,管理层发现门卫的盘点数量确实超出了出库数量,且差异不小。两边的账目存在明显差异。面对这种情况,汇报的主管显得非常尴尬,不知所措。

"午餐汇报会"是集团利润中心制度中的一项重要工作。在高峰时期,只要创始人在场,几乎每天都会召开午餐汇报会。他认为,无论制度多么完善,如果没有人去执行,那么它就是无效的;而即使是不完善的制度,只要能够持续改进,也有可能变得有效。通过多次午餐汇报会,全体员工深刻体会到了创始人的工作风格:他不仅关注大局,同时也注重细节。

管理层成员深刻体会到,西方或外资企业的领导者往往专注于利润和业绩,而对日常运营的干预相对较少,他们认为这是管理层和员工的职责所在。然而,在该集团,创始人的亲力亲为与西方企业形成了鲜明的对比。

这种管理风格虽然起初让人不太适应,但最终证明是集团稳健发展的关键所在。创始人坚信,西方企业之所以能够专注于大原则,是因为它们拥有坚实的管理基础;反观我们,连基本的门禁制度都尚不完善,这无疑暴露了我们在管理基础建设上的不足。

我们经常强调管理基础的重要性,但在实践中,基础和细节工作往往被忽视。一些人认为,只要处理重大事务即可,而基础工作既烦琐又枯燥,不值得投入精力。但这种观念忽略了一个关键事实:细节是企业管理的根基。如果能够关注并解决每一个细节问题,就能引发整个管理系统的质变。

我们不应仅仅关注年度利润目标,而应从根本上解决问题。正如《论语》所言:"君子务本,本立而道生。"管理工作的核心在于解决实际问题,尤其是那些看似微不足道的细节问题。每一个细节都可能成为问题的关键点。如果我们能够做到细致入微,就能带动整个管理系统实现从点到线、从线到面的转变。西方企业之所以管理得当,并非有什么秘诀,而是通过不断的积累和改进实现的。

在这一时期,创始人通过两个午餐汇报会上的故事,清晰地传达了他希望下属如何行动和思考。这些故事不仅展示了创始人的期望,也为我们提供了行动的指南,引导我们走向更加成熟和高效的管理之路。

1. 阀门的故事

阀门是石化工业中的一个重要零部件。虽然与原料相比,阀门采购所占金额可以说是微不足道,然而创始人认为,阀门虽小,但其质量好坏却与企业安全关系甚大。针对采购人员的轻视心理,他下令总管理处、总经理室、生产管理组成员立即成立专案小组,尽快建立一套包括从请购计划、采购过程、验收入库到现场使用等各相关环节在内的管理制度和流程。在他的关心之下,管理组成员仅用了一个多月时间,便完成了厚厚的一份有关"阀类材料"的分析报告,对全企业上百个工厂所采用的各种大大小小的阀门都进行了详尽而深入的研究和分析。从此之后,该集团有关阀门的技术和管理作业便很少发生异常。创始人评价说,把一件小事做到如此程度才可谓具有"务本精神"。

2.精简表单的故事

如今,该集团所使用的上千种表单,皆凝聚着创始人的巨大心血。到20世纪70年代后期,创始人发现企业眼下使用的许多表单均已过时,不仅功能不完善,而且在具体使用过程中还存在着诸多不合理性。创始人认为,表单在现代企业管理中的作用极其重要,如果使用得当,其在节省人力和提高管理效率方面对企业的贡献巨大,不仅表单的格式和主题有讲究,甚至连其中的每一个栏目也要逐一检讨。例如"某一个栏目是否多余""有没有管理功能"等,几乎成了创始人和管理者在那一时期召开的相关检讨会上的"口头禅"。

例如,一般制造业企业常把维修设备时填写的表单称为"维修单",但是该集团却把它叫作"修复单",并且这一名称的由来颇费周章。"维修单"在该集团最早被叫作"请修单"。照字面意思讲,就是"请你来修"的意思,但是创始人看后却认为这极不合理。他说,机器设备的保养与维修原本就是维修保养人员的分内工作,为什么还要"请你来修"?

于是,管理层根据创始人的指示,把"请修单"改成了"修护单"。对于新名称,创始人仍不满意。他说,"修护单"的意思是说只把机器修到可以使用就结束了。保养人员不应该如此消极,而应该积极找出故障原因,首先应把机器维修好,其次还要防止类似事件再次发生。经过又一番检讨,"修护单"最终被改成了"修复单"。[①]

---

① 黄德海. 严密组织、分层负责与效益分享[M]. 北京:清华大学出版社,2014:260.

第三章

成本分析与成本管理

第一节　成本性态分析

一、对企业成本问题的探索和研究

管理会计的理论和方法基础确实是其重要组成部分。其中,成本的性态分析是管理会计方法基础的重要内容之一。

成本性态分析,又称为成本行为分析,是指对成本与业务量之间的相互关系进行研究和分析,以确定成本在不同业务量水平下的变化规律和特点,即分析全部成本中哪些成本与业务量的变化有关,哪些成本与业务量的变化无关。通过成本性态分析,企业可以更好地了解成本与业务量之间的关系,有针对性地制定成本管理策略,优化资源配置,提高经营效率和盈利能力。

例如,在初始阶段,某大型企业集团的辅助决策人员采用了完全成本法来处理企业成本,即将成本分为生产成本和非生产成本两大类。生产成本主要包括直接材料、直接人工和制造费用,而非生产成本则包括销售费用、财务费用和管理费用等期间费用。制造费用的处理相对复杂,辅助决策人员经常对此感到困惑。制造费用指的是除直接材料和直接人工之外,在生产过程中各工厂和制造部门发生的各种费用的总和,例如管理人员工资、职工福利费、建筑费、劳动保护费,以及季节性生产和修理期间产生的停工损失等。由于条件所限,无法直接确定如何合理地将制造费用归属到产品上,辅助决策人员简单地按费用发生的地点进行归集,然后在月底采用一定的分摊方法间接计入产品成本。具体流程如图3-1所示。

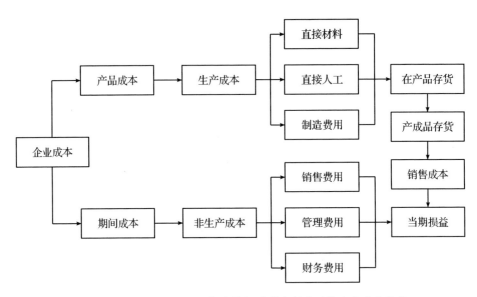

图 3-1　某大型企业集团早期实施标准成本制度时的企业成本结构

在完全成本法下,单位产品成本受到产量的直接影响,产量增加会导致单位产品成本降低,进而提高各单位的奖金率,这种激励措施有助于激发各单位提高产品生产的积极性。然而,完全成本法计算的单位产品成本并不能准确反映生产部门的真实绩效,反而可能掩盖或夸大它们的实际生产能力。在产销量不平衡的情况下,采用完全成本法计算的当期税前利润往往无法真实反映企业当期的实际费用支出,这可能导致企业过度追求高产量,盲目扩大生产规模。此外,这种方法也不利于管理者进行分析预测、参与决策和灵活地编制预算等工作。

二、成本性态分析研究理论的逐步确立

在集团创始人的支持下,辅助决策人员对制造费用的概念、内容、结构和性质进行了深入研究和探讨。辅助决策人员的主要任务是利用现有方法将制造费用进行细分,如图 3-2 所示。辅助决策人员发现他们可以采用高低点法(按照管理层的理解,高低点法是在一定时期的相关范围内,通过

一条连接业务量最高点和最低点的直线以求解固定成本和变动成本或分析混合成本的一种成本性态分析方法)、散点图法(根据既往历史资料,将业务量和成本数据逐一标注在坐标图上,先形成若干个散布点,然后再通过目测方法画出一条接近所有坐标点的直线,以求解固定成本和变动成本或分析混合成本的一种成本性态分析方法)和回归直线法(通过回归分析历史资料中所有数据,以求解固定成本和变动成本或分析混合成本的一种成本性态分析方法)等方法,分析成本与业务量之间的关系,并将所有成本划分为变动成本、固定成本和混合成本三大类,以便更好地理解和管理这些费用。

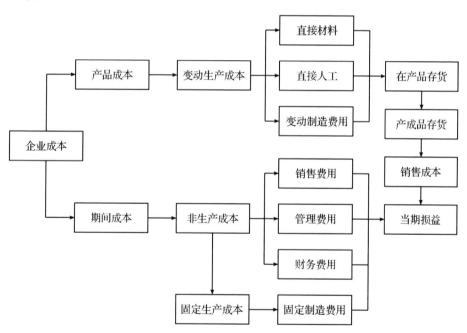

图 3-2 某大型企业集团实施标准成本制度时的企业成本结构

(一)固定成本

在一定的期间和一定的业务量范围内(即相关范围内),不受业务量增减影响的成本属于固定成本,例如固定资产的折旧(不包括按作业量法计提的折旧)、管理人员工资、房屋设备租金、保险费等。固定成本的特点是在相关范围内成本总额保持不变,但单位固定成本随业务量变动呈反比例关系,即业务量越大,单位产品所负担的固定成本越小,反之亦然。根据固定性的强弱,固定成本可分为两类:酌量性固定成本和约束性固定成本。

(1)酌量性固定成本:这类成本是根据企业的经营方针和预算制定的,由高层管理者决定;主要包括研究开发费、广告宣传费、职工培训费等内容;管理者可以根据需要在一定程度上调整这些成本,因此又称为酌量性固定成本。

(2)约束性固定成本:这类成本是企业为获取一定的生产经营能力而不得不支付的固定成本,管理者在短期内无法改变其支出数额;例如固定资产的折旧成本、保险费、设备租金、管理人员工资等都属于这类成本;这些成本不受业务量的影响,必须按约定的金额支付。

(二)变动成本

在一定的期间和一定的业务量范围内,随着业务量的变动,成本总额呈正比例变动的部分被称为变动成本。这些成本包括直接材料成本、直接人工成本等。变动成本的一个显著特点是,随着业务量的变化,成本总额也相应地变动,且单位变动成本在相关范围内保持相对稳定。

(三)混合成本

混合成本是指总额随着业务量的增减而变动,但不呈正比例变动的成本。混合成本同时包含了固定成本和变动成本两种因素。通常,混合成本具有一定的初始量,类似于固定成本;随着业务量的变化,另一部分成本会相应地发生变化,类似于变动成本。举例来说,燃料动力费、水电费等属于混合成本范畴。混合成本可以进一步分为几种类型,包括半变动成本、半固定成本、曲线变动成本和延期变动成本。根据成本随业务量变动的特点和模式进行分类,有助于企业更精确地理解和管理各类成本。

　　成本按性态分类在管理会计中发挥着重要的作用,它贯穿于管理会计的基本内容,并构成了一系列计算和分析方法的基础。首先,成本按性态分类是实行变动成本法的前提。变动成本法与传统的完全成本法相对,是一种成本及收益的计算方法。在变动成本法下,产品成本仅包括变动的生产成本,如直接材料、直接人工和制造费用中的变动部分,而将制造费用中的固定部分与销售及管理费用一起纳入期间成本,在当期收益中全额扣除。实行变动成本法要求对成本资料严格且准确地划分为变动成本与固定成本两大类。其次,成本按性态分类是开展本量利分析的基础。在相关范围内,固定成本总额与单位变动成本是相对不变的,这使得确定何时收入可以弥补全部成本成为可能。通过这种分析,可以进一步揭示本、量、利三者之间的内在依存关系。再次,成本按性态分类在决策分析中发挥着关键作用。基于成本按性态分类的基础,我们引入了边际贡献概念,这是决策分析中的一个重要概念。边际贡献是指每单位增加销售量所带来的额外收入减去额外变动成本后的余额。通过比较不同备选方案的边际贡献大小,可以评估每个备选方案对企业利润的贡献程度。基于边际贡献的大小,管理者可以对各种备选方案进行分析评价,从而做出更为明智的决策。最后,成本按性态分类有助于实施弹性预算和进行成本控制。弹性预算是一种能够适应不同业务量变化和预算的预算方法。它要求根据业务量的变化随时提供相应变化的成本数据,能够更好地反映业务量与总成本之间的变化关系,采用变动成本法进行成本控制。在进行成本控制时,必须建立明确且可靠的标准。在相关范围内,单位变动生产成本相对稳定,因此将其作为单位产品成本的控制标准具有一定的稳定性。相比之下,如果将固定性制造费用也计入产品成本,那么随着产量的变化,单位产品成本将发生变化,这就不利于成本的控制。因此,成本按性态分类有助于企业实现更有效的成本管理和控制。

　　辅助决策人员迅速依据标准成本法的基本原理,对上述三类制造费用的特性进行了深入分析。在当前的商业环境中,为了提高产品成本的计算精度和控制效率,辅助决策人员一致认为,应将重点放在制造成本的精确计算上。他们采取的主要措施包括如下几个方面。

(1)细化成本分析。辅助决策人员在分析制造成本时,采取了与欧美及日本企业相似的方法,即在特定的时间和产量范围内进行成本性态分析。他们认识到,只有在限定的条件下,成本性态分析才能得出准确的结果。超出这个范围,成本特性可能会发生变化,从而影响分析的准确性。

(2)成本分类。根据"相关范围"原则,辅助决策人员将制造成本明确划分为变动成本和固定成本。变动成本包括直接材料和直接人工,以及混合成本中的可变部分;而固定成本则包括除变动成本外的所有生产成本,包括混合成本中的固定部分。为了有效控制和管理这些成本,他们计划采用标准成本法和作业成本法进行分别管理。

(3)成本分配。特别是对于固定制造成本,由于其间接性较高,辅助决策人员在分配这些成本时,特别注重选择一个合理的分配基准。这个基准不仅反映了成本变化的原因,也是衡量企业生产效率的关键指标。因此,他们主要采用直接人工工时作为分配基准,并结合机器小时或单位产量等数据进行辅助。长期以来,这种方法有效地支持了管理层的短期决策。通过这些措施,企业能够更精确地掌握成本动态,从而在竞争激烈的市场中保持竞争力。

(4)鉴于直接人工工时被视为制造费用的分配基准,辅助决策人员可以将标准工资率视为分析变动制造费用差异的一个重要因素,并以此列出了计算变动制造费用差异的两个公式。具体如下:

变动制造费用数量差异=实际人工工时(实际人工工资率-标准人工工资率)

变动制造费用效率差异=标准人工工资率(实际产量下的实际工

时—实际产量下的标准工时)

(5)辅助决策人员最初并未过多地将"单位产量"作为计算固定制造费用差异的基准,而是选择采用"预算"的方式进行处理,即通过对比实际费用和预算费用来发现差异。然而,不久之后,创始人下令实行针对固定制造费用的"作业整理(作业分析)",这意味着要找到"作业动因",建立"作业标准",并通过比较"标准作业费用和实际作业费用"来发现固定制造费用的差异。

(6)辅助决策人员在早期成功地将制造费用"拆分",这使得集团各工厂能够及时编制损益表。这种"拆分"对企业管理决策,尤其是短期决策至关重要。损益表能够突显变动制造费用和固定制造费用之间的联系或差异。它的独特之处在于,能够帮助辅助决策人员深入了解各工厂产品的销售价格、销售组合、产销量、变动成本、固定成本等因素对企业利润的影响程度,或者说对企业管理决策的影响程度。

(7)辅助决策人员认识到,并非所有差异都值得单独处理,因此他们需要寻找一种方法,以便有效地排除某些随机因素的影响,并着重通过统计报表来展示重大差异。在 20 世纪 60 年代,该集团推动了质量改进活动,辅助决策人员曾采用统计管制手段来控制产品质量。他们观察到,公司的生产活动主要采用连续性和批量方式。在没有系统性因素影响的情况下,产品质量往往呈均匀分布。基于这一理论,辅助决策人员决定采用统计控制图来针对差异的产生特点设定管制范围。换言之,辅助决策人员认为,由随机因素引起的成本差异是正常的,只有当某个差异超出正常的随机波动水平时,才需要进行详细的分析和研究。使用这种方法,辅助决策人员不仅能够及时发现差异,还能提高差异分析的可靠性。

(8)以 A 产品的损益计算情况为例。若产能达到 Full(满负荷)状态,该产品的月产量可达10 000码。在排除不合理费用后,A 产品的成本结构及损益分析如表 3-1 和表 3-2 所示。

表 3-1 A 产品成本结构计算

规格:0.35m/m×58″   收率:96%

项目	成本(元/码)	产品成本占比(%)
原料成本	0.574 824	34.8
变动制造费用	0.184 924	11.2
变动推销费用	0.011 140	0.7
变动成本小计	0.770 888	46.7
固定制造费用	0.719 644	43.5
固定推销费用	0.015 596	0.9
管理费用	0.069 068	4.2
财务费用	0.077 980	4.7
固定成本小计	0.882 288	53.3
产品成本合计	1.653 176	100.0

表 3-2 A 产品损益分析

项目	边际页献(元)	边际页献率(%)
销货收入 100 000 码÷1.8 715 元/码	187 152.0	100.0
变动成本	77 088.8	41.2
边际成本	110 063.2	58.8
固定成本	88 228.8	47.1
利益	21 834.4	11.7

据此,辅助决策人员计算出 A 产品的边际贡献为109 322元,边际贡献率为58.8%。也就是说,当销售额达到149 039元时(保本额为固定成本除以边际贡献率),即销售量为80 174码时,该销售量可完全覆盖固定成本87 634.8元,从而实现 A 产品的损益平衡。如图 3-3 所示。若销售量超过

80 174码,则每增加销售 1 码,A 产品的利润可增加 1.093 元。这一实例在当时的集团并非特例,而是各事业部辅助决策人员日常计算工作的一部分。同时,各工厂扎实的损益计算工作使各事业部主管能够迅速利用此工具计算出销售水平变动对利润的影响程度,从而做出相应决策。

辅助决策人员在完成制造费用的分析工作后,创始人发现财务会计部门已初步建立了成本会计系统,通过该系统,他能更精准地评估每条生产线的产能情况。更重要的是,现在辅助决策人员也能利用这个系统公平地将产销责任分配给各工厂主管,并且利用系统判断每位主管是否尽职尽责,即是否尽力实现最大产能,以及是否面临其他困难和限制。例如,主管是否关注某机器的制造能力和运行时间,是否考虑过机器在安装、修理、维护和整备期间的闲置情况和时间等。要求主管持续关注生产能力的这一举措,明确表明了集团的成本会计系统已具备了应有的决策支持功能。

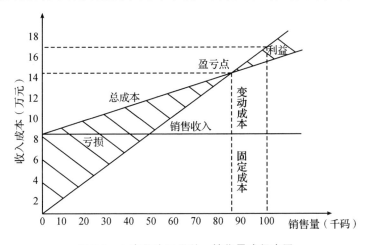

图 3-3 A 产品边际贡献—销售量式保本图

第二节　标准成本制度

一、标准成本制度的含义

标准成本制度是管理会计中一种重要的工具,它基于产品的标准成本进行成本核算和控制。标准成本指的是在正常生产效率和标准消耗下,生产单位产品应负担的成本。标准成本制度的核心在于事先制定成本标准,并以此作为实际成本控制的依据。

标准成本制度的主要原理是通过设置标准成术,将实际成术与标准成本进行比较,分析成本差异产生的原因,并采取相应措施加以纠正。这一制度的作用有如下几个方面。

(1)提高成本控制效率。通过事先设定成本标准,管理人员可以及时了解实际成本与标准成本之间的差异,进而有针对性地采取措施进行成本控制,提高了成本控制的效率。

(2)优化资源配置。通过对成本差异进行分析,可以发现资源消耗的不合理之处,例如材料浪费、人力资源闲置等,从而优化资源配置,提高资源利用效率。通过降低不必要的成本,企业可以将资源重新分配到更有利可图的领域,实现资源的最大化利用。

(3)辅助决策制定。标准成本制度提供的信息可以帮助管理层做出更加明智的决策。例如,通过分析成本差异,管理层可以评估产品定价的合理性,确定生产安排的优先顺序,或者决定是否需要调整生产流程或采购策略,以更好地符合企业的长期发展战略,并提高企业的竞争力。

在使用标准成本制度进行成本核算时,需要遵循如下步骤和技巧。

(1)制定成本标准。根据产品设计、工艺流程和历史数据等信息,制定产品的标准成本。这包括直接材料、直接人工和制造费用等方面的标准成本。

(2)收集实际成本数据。通过记录生产过程中各种资源的消耗情况,收集实际成本数据。这涵盖了原材料采购、生产过程中的人工成本、间接费用等方面的实际成本数据。

(3)比较分析。将实际成本与标准成本进行比较,分析成本差异的大小和方向。这可以通过形成适当的成本差异报告来实现,以便管理人员了解实际成本与标准成本之间的差异情况。

(4)差异原因调查。对成本差异产生的原因进行深入调查,识别出可控因素和不可控因素。可控因素是指可以通过管理行动进行调整的因素,而不可控因素则是无法控制的外部因素,如市场变化、原材料价格波动等。

(5)采取纠正措施。针对可控因素引起的成本差异,采取相应的纠正措施。这可能涉及改进生产工艺、提高生产效率、优化供应链管理、降低原材料消耗等方面的措施,以使实际成本逐步接近标准成本。

二、标准成本制度的差异分析与模型测算

差异分析是标准成本制度中的关键环节,通过对实际发生的成本差异进行调查和分析,可以帮助企业找到成本控制的关键点。差异分析主要包括如下几个步骤。

(1)数据收集。收集实际成本数据和标准成本数据,确保数据的准确性和完整性。这包括了直接材料、直接人工和制造费用等方面的实际成本和标准成本数据。

(2)差异计算。计算实际成本与标准成本之间的差异,包括材料成本

差异、人工成本差异等。通过将实际成本与标准成本进行比较,可以得出各项成本的差异情况。

(3)原因分析。分析差异产生的原因,包括生产过程中的浪费、工艺改进不足、原材料价格波动等。通过深入分析成本差异的背后原因,可以找到造成成本偏差的具体因素。

(4)措施制定。根据原因分析的结果,制定相应的纠正措施和改进方案。这可能涉及优化生产流程、加强成本控制、增加员工培训等方面的措施,以减少不必要的成本差异并提高生产效率。

运用标准成本制度,企业可以建立更加精准的预算和预测模型。通过收集历史数据和分析未来预期,企业可以构建符合自身发展需求的预算编制体系。在预算编制过程中,应充分考虑市场变化、产能规划、成本控制等因素,确保预算的合理性和可操作性。同时,通过预测模型对未来成本进行预测,企业可以提前制定应对措施,降低经营风险。预算编制的精确性对企业的经营决策至关重要。标准成本制度为企业提供了一个可靠的基础,使其能够更准确地预测生产成本和销售收入。在预算编制过程中,企业可以根据标准成本设定合理的目标和指标,从而更好地控制成本和提高效率。此外,预测模型的建立也是企业决策的重要支撑。通过对未来市场趋势、行业发展情况和内外部环境的分析,预测模型可以帮助企业预测未来的成本变化趋势,及时调整经营策略,降低风险并抓住商机。综上所述,标准成本制度的应用为企业提供了一个全面的成本管理框架,使其能够更好地进行预算和预测,从而提高经营管理的效率和决策的准确性。

三、标准成本制度的应用

责任会计是标准成本制度的重要应用之一,它通过划分成本中心和责任中心,将成本控制的责任落实到具体的部门或个人。在执行标准成本制度的过程中,责任会计发挥了落地实施的关键作用。责任会计通过设立责任中心,将各个部门或个人划分为具有特定任务和目标的责任单位。每个责任中心的管理者对其所管辖的成本负有责任,并且必须根据标准成本制度的要求,合理控制和利用成本。责任会计通过设立奖励机制激励员工参与成本控制。例如,可以设立与成本控制目标相关的奖励制度,鼓励员工节约成本、提高效率。这种奖励机制可以激发员工的积极性,促使他们更加主动地参与到成本控制中来。责任会计还通过定期的报告和考核机制,确保成本控制目标的实现。责任会计可以定期向责任中心的管理者报告实际成本与标准成本之间的差异,分析差异产生的原因,并与其共同制定改进措施。同时,对责任中心的绩效进行考核,将成本控制的实际情况与预期目标进行比较,及时发现问题并加以解决。

利用标准成本制度生成的标准化信息,企业可以生成有利于管理层决策的支持依据。这些依据包括专题分析报告、综合报表等,为管理层提供了全面、准确的财务信息,有助于他们做出更加明智的决策。通过对比分析实际成本与标准成本,管理层可以及时发现潜在的问题和风险,为企业的可持续发展提供有力保障。

在现代经济发展背景下,熟练掌握并运用好管理会计各项技能至关重要。标准成本制度作为管理会计的重要组成部分,具有提高成本控制效率、优化资源配置和辅助决策制定等多重作用。通过深入了解标准成本制度的原理和方法,结合企业实际情况加以应用和实践,将有助于企业实现可持续发展和提升竞争力。因此,我们应该继续深化对标准成本制度的研究和探索,推动其在现代企业管理中发挥更大的作用。

第三节 技术进步与成本管理

管理会计作为信息支持系统与管理控制系统的集合体,主要为企业和各类行政单位内部管理需求提供服务。它通过利用相关信息,有机融合财务与业务活动,在企业规划、决策、控制和评价等方面发挥着重要作用。随着信息时代的兴起,管理会计的职能在新的领域中得到了拓展,为其提供了广泛的应用机遇。至今,全球各地的公司已经通过信息技术积累了丰富的成功经验,并将其应用于管理会计中。这些经验包括但不限于使用数据分析、人工智能、大数据等先进技术,以提高信息的质量、时效性和可靠性,从而更好地支持管理决策。管理会计在信息时代的应用还包括了更加智能化的预测模型、实时监控系统、数据可视化工具等,这些工具和技术使得管理者能够更迅速、准确地做出决策,并及时调整策略以适应市场的变化。然而,管理会计在信息时代也面临着一些挑战。

1. 预算管理:技术应用参差不齐

预算管理在当今经济环境中具有重要地位,尤其在面对快速变化的经济环境和多样化的企业运营时更为关键。传统的预算管理模式已经难以适应当前的需求,因此应用信息技术成为一项紧迫的任务。依托大数据和财务业务一体化的趋势,部门间的协同得以促进,各部门共同参与到预算的编制、控制和分析,从而构建了一个全面的预算管理系统。企业尝试采用各种信息化工具,例如 ERP 系统中的预算模块、专业预算软件以及企业自研软件等。然而,根据中国会计学会的《中国会计信息化应用调查(2015)》,尽管有 45.24% 的企业采用了信息技术进行预算管理,但技术应用水平参差不齐,这表明中国企业在整合信息技术与预算管理方面仍需努力改进。

2.成本管理:传统与现代并存

在当前国内外严峻的经济形势下,保持成本领先是企业提升竞争力的关键因素。随着生产自动化水平和产品多样化程度的提高,传统的成本管理模式已经不能满足企业的需求。幸运的是,计算机和网络技术的不断发展为企业成本管理提供了有效的支持,帮助企业实现了从粗放管理向精细管理的转变。例如,太阳纸业、宝钢集团、深南电路等企业通过信息技术的运用成功实现了成本管理的优化。然而,根据《中国会计信息化应用调查(2015)》的数据,尽管有61.74%的企业采用了信息技术进行成本管理,但这些信息技术的实施主要集中在作业成本管理领域,而在其他领域的应用较为有限。此外,许多企业尝试过在成本管理中应用信息技术,但最终以失败告终。这可能是因为在信息技术应用过程中存在一些挑战,例如技术的复杂性、实施成本高昂、员工培训不足等。因此,企业需要更加谨慎地选择和应用信息技术,以确保能够取得预期的成本管理效果。

3.绩效管理:从单一到多维

绩效管理作为企业管理的重要组成部分,正在经历着全员参与、全程监督的新阶段,这种转变虽然具有重要意义,但并不容易实现。传统的绩效管理方法在面对信息量庞大和考核对象沟通困难等问题时已经显得力不从心。为了解决这些问题,信息技术的应用成了关键。信息技术的发展为绩效管理提供了强大支持。它不仅能够提供精确的数据记录,还能够支持管理者从多个角度全面、公正地评估员工的表现。例如,中国储备粮管理总公司和中石化集团等企业已经成功地在绩效管理领域应用新兴信息技术。然而,值得注意的是,尽管信息技术在绩效管理中发挥着重要作用,但其应用仍然主要集中在大型企业。相比之下,中小企业由于成本等方面的限制,对信息化的推广和应用不够积极。因此,为了实现绩效管理的全面提升,中小企业需要加大对信息技术应用方面的投入,并充分认识到信息化对于企业管理的重要性。

数字时代的到来为管理会计带来了革新,使得数据收集与处理更为高效、便捷、及时和低成本,对管理会计信息化产生了广泛且深刻的影响。新兴技术如5G技术、区块链、大数据、智能化和云计算等正在推动管理会计的发展。数字化时代的到来为管理会计提供了更多可能性和机遇,使得管理会计能够更好地适应复杂多变的商业环境,提高企业的决策效率和竞争力。

(1)5G技术的影响。5G技术的普及标志着商业模式的革新,提供了无处不在的网络覆盖和极低的通信延迟(约1毫秒)。相比4G时代的70毫秒,这种技术的高传输速率和大容量支持了数据的大规模互联,为管理会计带来了诸多好处。首先,信息获取成本显著降低,企业能够更快速地获取所需数据,无论数据来自内部系统还是外部环境。其次,信息资源利用更加高效,通过更有效地利用各种数据进行管理会计的数据分析和决策制定,提高了工作效率和准确性。此外,5G技术打破了"信息孤岛"的局限,促进了企业内外部各种数据源的相互连接和共享,避免了信息孤立。最重要的是,管理会计的数据分析和决策制定更为及时和准确,大大提高了企业决策和管理效率,有助于企业更快速地应对市场变化和竞争挑战。

(2)区块链技术的应用。区块链技术以其分布式数据存储、点对点传输和高安全性的特点,为管理会计提供了一个稳固的信息获取和处理平台。这种去中心化和防篡改的技术框架保障了数据的安全性和真实性,解决了以往管理会计中信息可靠性的长期问题,同时优化了企业的策略管理和决策过程。随着数字化时代的推进,数据收集与处理的效率、便捷性、及时性和成本效益显著提高,也极大影响了管理会计的信息化转型。

(3)大数据技术的利用。大数据技术为管理会计带来了深刻的变革。

通过整合庞大而复杂的数据集合,大数据技术为企业提供了更广泛的信息获取渠道和更高的数据处理能力。这意味着企业能够基于更全面和动态的数据进行决策,尤其是在编制预算和预测市场趋势时。这种全面和实时的数据分析使得管理层能够更准确地评估市场情况,及时调整战略,提高了管理的精确性和响应速度。通过大数据技术的利用,企业能够更好地把握市场动态,更快速地适应变化,从而在竞争激烈的商业环境中保持竞争优势。

(4)智能化技术的发展。随着人工智能和机器学习技术的不断进步,智能化在管理会计中的应用正在逐步扩展和深化。从最初的数据录入和处理,到如今的预算管理和绩效评估,智能系统正日益成为管理会计的得力助手。这些智能系统能够快速、准确地处理和分析海量的财务数据,大大增强了决策的科学性和实时性。此外,智能化技术还在绩效管理领域发挥着重要作用,通过自动化的数据分析和模式识别,提高了绩效评估的全面性和公正性。随着智能化技术的不断发展和应用,管理会计将更加智能化、精准化,为企业决策提供更可靠的支持。

(5)云计算技术的运用。通过网络化和虚拟化手段,云计算技术极大地提升了数据存储和处理的能力,为企业提供了更加强大和灵活的信息化平台。企业可以通过构建云管理平台,实现对财务和非财务信息的实时获取和处理。同时,云计算技术还能够通过高效的数据整合,为企业提供更准确的市场分析和战略规划支持,从而进一步提高企业资源的整合效率和决策的精准度。这种基于云计算的信息化模式,不仅能够帮助企业降低IT基础设施的投入成本,还能够提升企业的灵活性和竞争力,为管理会计提供了更广阔的发展空间。

以上各项技术的发展展示了信息技术如何从多个维度影响了管理会计的现代化。从基础的数据处理到高级的决策支持,每项技术的进步都为管理会计带来了质的飞跃。5G技术的普及使得信息获取更为便捷,区块链技术的应用确保了数据的安全和可靠性,大数据技术的利用拓宽了信息获取渠道和提高了数据处理能力,智能化技术的发展提升了管理决策的科学性和实时性,而云计算技术的发展则极大地提升了数据存储和处理的能力,为企业提供了更灵活和更强大的信息化平台。这些技术的综合应用为管理会计提供了更加全面、高效和精准的支持,推动了管理会计向着数字化、智能化方向迈进。

第四节　战略成本管理

一、战略成本管理的基本概念

(一)战略成本管理的定义

战略成本管理是指管理人员将成本管理纳入战略管理范畴,运用专门方法提供企业及其竞争对手的分析资料,从战略高度对企业及其关联方的成本行为和成本结构进行分析,为决策层进行战略管理提供信息服务的管理活动。在战略成本管理中,需要解决如下两个关键问题。

(1)如何利用成本信息进行战略选择? 企业的战略通常包括总体战略、一般竞争战略和具体竞争战略,而在确定总体战略的前提下,企业通常会采用成本领先战略、产品差异化战略和目标集聚战略等竞争战略方式来开发竞争优势。

(2)在不同战略选择下如何组织成本管理? 企业的战略成本管理旨在将成本管理与战略管理相结合,从战略高度分析企业及其关联方的成本行为和成本结构,为战略管理提供支持。在不同的竞争战略下,需要利用成本信息进行与竞争战略相适应的成本战略决策,并正确组织成本管理,以确保竞争战略的成功实施。获取成本优势是战略成本管理的核心目标。

(二)战略成本管理的特点

1.观念的进步性

自20世纪六七十年代以来,随着社会经济发展和消费水平提高,市场需求由大众需求向个性化需求转变;传统的大规模、标准化生产逐渐向小规模、个性化生产演变,市场由供应方市场向需求方市场演进。这种市场需求和市场竞争的改变,迫使企业从单纯追求生产效率转向更注重实现客户价值的管理;从仅关注内部组织和流程的管理,转向更关注供应链和客户全价值链过程的管理。战略成本管理理念首要考虑确保企业战略实现,而非单纯降低成本。例如,企业为实现战略性产品研发可能需要增加成本,甘愿投入试错;另外,人工和材料成本的降低存在一定限度,不能无限制地降低,企业应鼓励更多技术创新投资,通过技术进步降低成本,实现战略上的成本管理。

2.管理的灵活性

战略成本管理聚焦外部环境,注重企业与市场、外部客户和供应商之间的关系,呈现出灵活性的特性。在战略成本管理中,必须考虑同行业的平均水平和先进水平,特别强调相对成本、相对现金流量和相对市场份额等各种指标的计算和分析。战略成本管理所主张的核心理念是灵活变通。在确定了战略目标之后,企业的经营和管理必须能够灵活调整以适应动态的市场变化。

3.对象的全局性

战略成本管理针对企业整体,根据企业总体发展战略来设定战略目标,其特点是将结果控制与过程控制相结合。在战略成本管理中,企业内部结构与外部环境相融合,将企业价值贯穿内部价值创造活动和外部价值转移过程,企业仅仅是整个价值创造链条中的一个环节。因此,战略成本管理要求从企业所处的竞争环境出发,其成本管理不仅包括企业内部的价值链分析,还涵盖竞争对手和行业的价值链分析,从而实现对全局的深入洞察,并据此制定各种战略。

4.目标的持久性

战略成本管理强调企业的长期目标和持续成功,不受单一会计期间的限制,而是从竞争地位的演变中洞察企业未来的发展方向。它考虑到不同发展阶段的独特性,确保每个阶段都有助于实现企业的长期目标,即使需要放弃一些短期利益,增加与企业战略目标相关的成本支出。其目标是追求企业持久的竞争优势,不断扩大市场份额,最终实现企业的战略目标。

5.信息的多样性

战略成本管理系统包括各种信息,如财务和非财务信息、主观和客观信息、定量和定性信息、原因和结果信息,以及过程和结果信息。

综上所述,战略成本管理是现代成本管理和战略管理的融合,代表了传统成本管理对竞争环境变化的灵活应变,是当前成本管理发展的必然趋势。与传统成本管理相比,战略成本管理具有更广阔的视野和更前瞻的意识,更加重视普遍联系的观点,并从根本上解决了企业经营中的主要矛盾,从而在很大程度上弥补了传统成本管理的不足,更好地适应了现代企业在竞争经济环境下对成本管理的需求。

(三)战略成本管理与传统成本管理的比较

战略成本管理是在传统成本管理基础上的延续与发展,二者既有区别,也有一定的联系。二者之间的关联性主要体现在如下几个方面。

(1)体系框架的发展。战略成本管理并非一蹴而就,而是逐步发展的,是在新环境下对传统成本管理内容的发展,其体系框架随着企业内外部环境的变化而不断演进。

(2)指导作用。战略成本管理对传统成本管理具有指导作用,为传统成本管理指明了方向。

(3)相互补充。战略成本管理与传统成本管理相互补充,能够满足不同层次企业管理的需要。

战略成本管理与传统成本管理的区别主要体现在如下几个方面。

(1)主要目标。传统成本管理侧重于成本的绝对降低,而战略成本管理则注重获取成本优势和持续降低成本。

(2)服务对象。传统成本管理主要服务于企业日常运营,而战略成本管理则服务于企业战略管理。

(3)管理范围。传统成本管理局限于企业内部生产领域,而战略成本管理涵盖了企业上下游价值链。

(4)管理周期。传统成本管理通常在企业日常运营周期内进行短期计划和控制,而战略成本管理更注重长期规划和控制。

(5)管理频度。传统成本管理定期进行,而战略成本管理则是经常性、持续性的。

(6)管理形式。传统成本管理更偏向治标性的事后反应式,而战略成本管理更偏向治本性的源流控制式。

如表 3-3 所示。

表 3-3　战略成本管理和传统成本管理的区别

项目	传统成本管理	战略成本管理
主要目标	成本的绝对降低	获取成本优势,持续降低成本
服务对象	企业日常运营	企业战略管理
管理范围	企业内部生产领域成本管理	企业上下游价值链成本管理
管理周期	企业日常运营周期内对成本的短期计划和控制	战略周期内对成本的长期规划和控制
管理频度	定期进行	经常性、持续性进行
管理形式	治标性的事后反应式	治本性的源流控制式

二、战略成本管理的系统框架和方法体系

(一)战略成本管理的系统框架

经过多年的发展,战略成本管理在分析方法、核算方法、分析对象等方面提出了作业成本法、价值链分析、成本动因分析等新内容,逐渐形成了一个基本的理论框架。这一理论框架包括制定企业竞争战略、确定成本管理战略、选择成本控制方法、选择成本计算方法和确定业绩评价方法。

1. 制定企业竞争战略

在制定竞争战略时,企业需要进行深入的内外环境分析,包括对横向与纵向市场环境以及企业内部活动的综合评估。横向分析主要是对竞争对手进行分析,评估其成本水平和市场份额;而纵向分析则侧重于分析供应链的价值链条,对从供应商到最终用户的关系进行审视;内部分析则聚焦企业内部活动的价值增长,以及如何塑造竞争优势。基于这些全面的分析,企业可以选择采取成本领先、差异化或集中化等不同的竞争战略。

2. 确定成本管理战略

成本管理战略的确定应结合企业所选择的竞争战略和实际情况进行。在实施成本领先战略时,关注点主要在于严格控制成本,并不断寻求新的成本节约途径。而在执行产品差异化战略时,则更侧重于全生命周期的成本管理,以确保产品的独特性。

3. 选择成本控制方法

成本控制的方法多种多样,包括传统的价值控制,以及通过技术创新和组织结构优化实现的非价值控制方法。在选择成本控制方法时,需要考虑企业的实际情况,包括组织结构、企业文化及生产方式等因素。此外,传统的成本控制方法如责任会计,以及现代方法如作业成本法,在适当的条

件下可以结合使用,以提高成本控制的效率和适应性。

4.选择成本计算方法

在选择成本计算方法时,需要考虑支持成本管理战略的需求及与成本控制方法的兼容性。例如,对于成本领先战略,精确的成本信息至关重要,因此需要采用能够提供准确数据的计算方法;而对于差异化战略,则更注重非成本因素,因此可能需要结合不同的计算方法来考虑其他影响因素。总体而言,成本计算方法应与成本控制方法可以相协调,以更好地确保成本控制数据的准确性和及时性。

5.确定业绩评价方法

实施成本控制需要配套的业绩评价指标和激励机制。评价方法的确定基于成本计算结果,并适应企业的竞争战略和成本控制方法。对于成本领先策略,适合采用以财务指标为主的评价系统,如成本效益比、成本利润率等,以确保成本控制的有效性和经济效益;而对于差异化策略,则需要利用非财务指标,如产品质量、客户满意度等,以全面评价业务运营的多个方面。

(二)战略成本管理的方法体系

战略成本管理的方法体系主要包括战略定位分析、价值链分析、竞争对手分析、成本动因分析、目标成本分析、执行性成本动因、全面质量管理、产品生命周期管理和综合业绩评价。

1.战略定位分析

战略定位分析旨在通过多种方法对企业的内外部环境进行全面分析,以帮助企业选择适合其所处行业特征和自身特点的竞争战略。首先,企业需要进行内外部环境的调查与分析,这包括对行业、市场和产品等方面的深入研究。通过行业分析,确定企业所进入行业的潜力和趋势;通过市场维度,评估企业在市场上的优势和劣势;通过产品维度,确定企业应该开发的产品及其在市场上的前景。最终,确定实现战略目标的方式,确保企业在既定的行业、市场和产品中保持竞争力,击败竞争对手,获取行业平均水平以上的利润。

2. 价值链分析

迈克尔·波特(Michael Porter)1985 年在《竞争优势》一书中提出,每个企业都是在设计、生产、销售、发送和辅助其产品的过程中进行各种活动的集合体,而这些活动构成了企业的价值链。价值链分析的核心任务是确定企业的价值链,阐明各个环节之间的联系,并着重提高企业创造价值的效率,增加企业降低成本的可能性。通过价值链分析,企业可以为取得成本优势和竞争优势创造有利条件。

价值链分析主要包括四项内容:企业内部价值链分析、企业行业价值链分析、企业竞争对手价值链分析、价值链重构分析。

企业内部价值链分析是价值链分析的出发点。企业的各项业务活动,如设计、生产、市场营销、发货、产品与服务等,构成了企业内部的价值链。这些活动相互关联,形成了内部的价值链条。每个活动都会涉及成本,而且由于活动之间的相互关系,一个活动的成本变化往往会影响其他活动的成本。因此,每个活动的成本都会对企业相对于竞争对手的整体成本地位产生影响。这些活动的成本总和构成了企业的内部成本。如果企业内部价值链上的所有活动的累积总成本低于竞争对手的,那么企业就具备了战略成本优势。

企业内部价值链分析旨在确定最基本的价值链,并将其分解为单独的作业。然后,根据企业的战略目标对这些价值作业进行权衡、取舍和调整。这种分析的目的是比较单元(基本)价值链上的成本和效益,以发现在企业内部价值链中哪些活动是不增值的,并判断是否可以通过重构价值链来消除它们。举例来说,企业可以通过实施适时生产系统,在生产经营的各个环节力求零库存,从而降低库存成本和流动资金压力。另外,企业还可以实施全面质量管理,在原材料采购、外购件供应,以及产品、半成品和产成品生产的各个环节,力求零缺陷,以提高产品质量和客户满意度。通过这种方式,企业可以优化内部价值链,提高生产效率,降低成本,并实现更好地满足客户需求和提升竞争力的战略目标。

企业行业价值链分析涉及对整个产业价值链的研究,这不仅包括企业自身内部的活动,还包括上游供应商和下游客户或联盟的活动。通过这种分析,企业可以确定如何与其他企业合作,发挥各自的优势,弥补自身的不足,共同完成整个价值链的全过程,从而降低成本,并提高企业的核心竞争力。举例来说,通过适当包装供应商的产品,企业可以减少自身的搬运费用,并改善价值链的纵向联系。这种合作可以使企业与其上游和下游企业共同降低成本,提高整个价值链的效率,从而增强各个相关企业的整体竞争优势。利用企业行业价值链分析,企业可以评估是否需要实施纵向一体化战略,即是否需要在价值链上下游进行整合,以更好地控制成本、提高效率,并满足客户需求。

在企业竞争对手价值链分析中,重点在于了解行业中生产同类产品的竞争者的价值链结构及其在行业价值链中的位置。这些竞争对手可能与企业处于相同的价值链中,也可能横跨价值链的不同环节。通过对竞争对手的价值链进行分析,企业可以更好地了解竞争对手的核心竞争力、成本结构和活动优势,从而制定更有效的竞争策略。通过企业竞争对手价值链分析,企业可以识别竞争对手的强项和弱点,从而确定自身在价值链上的相对优势,并采取相应的竞争策略。例如,如果竞争对手在某些环节拥有成本优势,企业可以通过优化自身的价值链活动,提高效率,以应对竞争挑战。此外,企业竞争对手价值链分析还可以帮助企业发现行业中的机会和威胁,预测竞争对手可能采取的行动,并及时调整自身策略以保持竞争优势。

企业竞争对手价值链分析是企业外部横向价值链分析的一部分。通过这种分析,可以评估竞争对手的成本水平、成本构成和成本支出情况,并将其与企业产品成本进行比较。然后,根据企业的不同战略,确定如何利用对手的优势和回避自身的劣势,以争取成本优势。在这种情况下,企业可能会采取水平一体化的战略行动,通过控制同类企业的所有权或实施各种形式的联合经营来扩大企业的规模和增强企业的实力。

价值链重构分析是一种战略成本分析方法,旨在通过全面分析来了解企业价值链中的优势和劣势,从而回避或消除弱点,并进一步加强优势环节,以增强企业的竞争优势。通过深入分析各类相互联系的环节,企业可以根据所处产业竞争环境的变化对其价值链进行适应性重构。这种重构可能包括改变产品组合、工艺流程、服务方式与服务范围,重新选择价值链的上游、下游与购销渠道,或调整它们之间的联系。这些措施旨在剪裁和重建价值链,从根本上改变企业的成本地位,并提高其核心竞争力。

3. 竞争对手分析

竞争对手分析是制定企业竞争战略的关键步骤。在确定了重要的竞争对手之后,就需要对每个竞争对手进行深入、详细的分析,以揭示其长期目标、基本假设、现行战略和能力,并判断其可能采取的行动轮廓,尤其是在面临行业变化或竞争对手威胁时的反应。进行竞争对手分析时,主要从四个方面考察竞争对手:(1)竞争对手的长远目标;(2)竞争对手的战略假设;(3)竞争对手的战略途径与方法;(4)竞争对手的战略能力。

4. 成本动因分析

成本动因是导致成本发生的驱动因素,其在不同层面和领域具有不同的特征和构成。根据企业经营管理的不同层面,成本动因可分为结构性成本动因和执行性成本动因。结构性成本动因是指与企业组织基础、经济结构和整体战略成本相关的成本驱动因素,主要包括企业规模、业务范围、经验、技术、厂址和复杂性(多样性)等内容。企业规模影响着企业的生产力和效率,而业务范围则决定了企业在产业链中的位置。经验积累可以提高工人的熟练程度,从而降低生产成本。先进的技术和优越的地理位置都可以通过技术改进和降低运输成本来影响成本。此外,产品的复杂性(多样性)也会增加生产成本。执行性成本动因是指影响成本的各种管理和操作决策,包括成本控制、生产计划、供应链管理等方面的因素。这些因素的调整和优化可以在短期内影响企业的成本水平和效率。

一是企业的规模,这可以通过企业在生产和研发等领域的资金投入来反映。规模经济效应主要影响成本的产生。当企业规模较大时,它可以提高生产效率,并且将成本分摊到更大规模的业务量上,从而降低单位成本。因此,企业应该合理地规划和管理其规模。

二是企业的业务范围,表示企业垂直一体化的程度,即企业跨越产业价值链的长度。为了提高竞争地位,企业可以扩展经营的业务范围,从目前的业务领域出发,延伸至行业价值链的两端,包括原材料供应和直接面向消费者销售产品。企业的纵向整合程度会对成本产生双重影响。适度扩张企业的业务范围可以降低成本,改善沟通、协调和控制,从而提高整合效益。

三是经验。经验积累,是单位产品所需时间随着工人熟练程度的不断增强而逐渐减少的现象,也被称为学习曲线或经验曲线效应。通过内部积累和外部学习,企业能够提升自身整体素质,从而降低某项活动的成本,因为随着时间的推移,经验和学习的效益会逐渐显现。然而,也可能通过供应商、购买者等渠道使企业产生外溢效应,即企业的经验可能会流出企业。从战略角度来看,企业应将外溢限制在最低限度,确保学习的专有性。

四是技术,指企业在其价值链的各个环节中所采用的处理技术。从成本角度来看,通过利用先进的技术手段对产品设计、生产流程和管理方式等方面进行功能再造,企业可以有效地降低成本,并且这种成本降低趋势通常会呈现出联动的态势。

五是厂址。厂址选择与转移是企业经营中的重要战略决策之一。地理位置的优越性可以对企业产生积极影响,特别是在扩大销售量方面。位于交通便利、资源丰富、人才辐射广泛的地理位置,有助于降低运输成本、提高生产效率,并且能够更好地服务客户,加强企业的市场竞争力。因此,通过审慎选择厂址,企业可以充分利用地理位置的优势,为销售网络的扩展提供有力支持,实现业务规模的增长和市场份额的提升。

六是复杂性(多样性)。复杂性(多样性)在企业生产中扮演着重要角色,它指的是企业所提供的产品或服务的多样性程度。随着产品系列或服务种类的增加,企业面临的管理和运营挑战也会相应增加。这种复杂性的增加可能导致成本的上升,因为需要更多的资源来管理和生产不同类型的产品或服务。企业在面对复杂性(多样性)问题时需要进行适当的横向整合,以便更有效地管理多样化的产品或服务,并降低相关成本。因此,平衡复杂性(多样性)与成本之间的关系对于企业的经营至关重要。

七是结构性成本动因。结构性成本动因具有的基本特征:第一,结构性成本动因一旦确定,通常难以改变,对企业的影响持续而深远;第二,结构性成本动因发生在生产开始之前,属于资本性支出,因此构成了一种约束成本;第三,结构性成本动因不仅决定了企业的产品成本,还对产品质量、人力资源、财务、生产经营等方面产生影响,并最终决定了企业的净值态势。

5.执行性成本动因分析

执行性成本动因是与企业执行作业持续有关的动因,即影响企业成本态势并与执行作业持续有关的驱动因素。执行性成本动因是在结构性动因确定后才建立的,与企业的生产经营过程密切相关。这些因素包括员工的参与感、全面质量管理、生产能力的利用、联系、工厂布局、产品外观等。

一是员工的参与感,这在企业的生产经营过程中扮演着至关重要的角色。员工的参与程度及其内在的责任感直接影响着企业的成本水平。因此,在战略成本管理的过程中,强调全员参与是至关重要的。通过建立多样化的激励制度,培养员工的归属感和荣誉感,可以有效地激发员工的积极性,使其全身心地投入工作。这种全员参与的态度有助于提高工作效率,降低生产成本,从而使企业更具有竞争力。

二是全面质量管理,其目的是以最低的质量成本获得最佳的产品质量,并在缺陷为零时实现最低的质量成本。因为对错误的纠正成本是递减的,所以总成本通常会呈现下降趋势。全面质量管理的改进总是能够降低成本,提高产品质量,进而实现企业的优质高效。因此,企业应树立质量意识,从产品设计、生产流程到服务环节,不断提升产品质量,以实现全面质量管理的目标。

三是生产能力的利用,这是影响企业成本的重要因素,在企业规模确定的前提下尤为关键。生产能力的利用主要通过固定成本影响企业的成本水平。因此,企业应该寻求建立能够充分利用生产能力的经营模式,以给企业带来成本竞争优势。此外,生产能力的利用不仅包括机器和设备的利用率,还应考虑员工和管理能力的充分发挥,以及各种能力之间的最优组合。综合考虑这些因素,可以帮助企业最大限度地降低成本,提高生产效率,从而提升企业竞争力。

四是联系,是指企业各种价值活动之间的相互关联,分为内部联系和外部联系两个方面。内部联系涉及企业内部各种价值活动之间的关系,通过协调和优化这些活动,可以提高效率或降低成本。外部联系包括与供应商和顾客的合作关系,这些关系的良好建立和维护对于企业的成本控制至关重要。在实践中,所有这些价值活动之间都相互影响,因此,如果能够确保它们以一种协调合作的方式开展,就有望为降低总成本创造机会,提高企业的竞争力。

五是工厂布局,指的是工厂内部的组织结构和空间利用方式,对企业的生产效益和成本控制至关重要。现代工厂布局通常遵循一系列原则和方法,以确保生产过程的流畅进行、资源的最佳利用以及员工的安全和舒适。合理的工厂布局可以提高生产效率,降低运输成本,减少生产过程中的浪费,从而为企业节省成本,增强竞争力。

六是产品外观,包括产品的设计、外形、颜色、纹理等方面,是产品与消费者之间的接触点。一个好的产品外观可以吸引消费者的注意力,提高产品的市场竞争力,从而增加销售量。因此,产品外观设计应该符合市场需求和消费者的审美趣味;注重产品的视觉效果和用户体验,有助于提高产品的销售额和市场份额。

执行性成本动因具有的基本特征:第一,它是在结构性成本动因确定之后才形成的;第二,它通常是非量化的,难以用具体数字进行衡量;第三,执行性成本动因因企业而异,没有固定的因素,因而具有一定的灵活性;第四,形成和改变执行性成本动因需要较长的时间,通常不会立即显现出效果,需要持续的努力和管理。

6. 目标成本分析

目标成本分析是一种管理方法,旨在为企业实现财务目标而确定产品成本的过程。这种方法涉及一系列一般管理因素和特定的产品及环境因素。确定目标成本的方法多种多样。其中,扣减法是一种常见的方法,它通过逆向计算,根据竞争对手的价格、市场价格以及目标利润要求,倒推出目标成本。另一种方法是累加法,通过考虑技术水平、生产能力、交货时间等内部因素的综合影响,推测出目标成本。此外,还有一种综合法,它综合考虑市场因素和企业内部因素,结合扣减法和累加法,制定目标成本。目标成本分析的核心在于,在确保企业能够在实现产品质量和客户需求的前提下,以尽可能低的成本达到预期的利润目标。这一方法的成功应用需要对市场趋势、竞争对手、内部生产能力和技术水平等因素有深入的了解和准确的评估。

7.全面质量管理

全面质量管理(Total Quality Management,TQM)是一种以质量为核心,旨在通过全员参与,让顾客满意,并使企业所有成员及社会受益而实现长期成功的管理途径。不同客户对产品和服务质量的期望各不相同,而不同质量水平的产品和服务往往对应着不同的成本。因此,产品和服务的质量是企业战略实施的重要抓手,全面质量管理自然成为战略管理会计的一种重要方法和工具。

在全面质量管理中,质量不再仅仅是质检部门的责任,而是每个员工、每个部门都应该关注和参与的事项。这种全员参与的理念意味着企业需要形成一个质量意识浓厚的组织文化,从高层领导到基层员工都要对质量负起责任。通过持续的质量改进和创新,企业可以不断提升产品和服务的质量水平,从而赢得客户的信任和满意。

全面质量管理的基本方法可以概括为"一个过程""四个阶段"和"八个步骤"。

首先是"一个过程",即企业管理是一个连续的过程。在不同的时间段内,企业需要完成各种不同的工作任务。每项生产经营活动,都有一个产生、形成、实施和验证的过程。

其次是"四个阶段",这源自管理是一个连续过程的理论。美国的戴明(W. Edwards Deming)将其应用于质量管理,提出了"计划(Plan)—执行(Do)—检查(Check)—行动(Act)"四个阶段的循环方式,简称 PDCA 循环。在这个循环中,企业不断地制订计划、执行计划、检查结果并采取行动,以实现持续的改进和优化。

最后是"八个步骤"。这涵盖了 PDCA 循环中的四个阶段,具体如下。
(1)计划阶段:分析现状,找出存在的质量问题;分析产生质量问题的各种原因或影响因素;找出影响质量的主要因素;针对影响质量的主要因素,提出计划,制定措施。(2)执行阶段:执行计划,落实措施。(3)检查阶段:检查计划的实施情况。(4)行动阶段:总结经验,巩固成绩,将工作结果标准化;提出尚未解决的问题,转入下一个循环。在应用 PDCA 循环"四个阶段""八个步骤"来解决质量问题时,需要收集和整理大量的数据资料,并用科学的方法进行系统分析。质量和质量成本有着内在的必然联系,也就是说,必要的预防成本、鉴定成本的支出可以减少质量损失成本,维护企业及其品牌的声誉。因此,在战略已经选定的情况下,实施全面质量管理可以使企业实现缩小质量损失成本的支出,力求以尽可能低的质量成本来确保企业战略目标的执行和实现。

8. 产品生命周期管理

产品生命周期管理是一种先进的企业信息化思想,旨在主动干预和引导产品的生命周期,从而最大限度地挖掘产品的价值潜力,实现增加收入和降低成本的目标。在激烈的市场竞争中,企业需要思考如何以最有效的方式应对不同阶段的机会和挑战,并采取相应的战略来抓住机遇、迎接挑战。产品生命周期管理的实施不仅可以指导企业的战略成本管理,而且可以通过价值链管理和作业管理来优化整个产品生命周期的成本管理。

产品生命周期管理的主要意义在于:一是引导企业主动干预和介入产品生命周期,在传统管理会计思维模式下,企业通常被动适应产品的生命周期,而产品生命周期管理则要求企业管理者从被动转为主动,通过有效的管理手段和策略来影响产品的生命周期;二是挖掘产品的价值潜力,通过对产品生命周期的全面管理,企业可以及时发现和利用产品在不同阶段的价值潜力,从而实现收入的最大化;三是增加收入和降低成本,通过有效管理产品生命周期,企业可以提升产品的市场竞争力,提高销售额,同时通过精细化的成本管理降低产品的生命周期成本,实现收入的增加和成本的降低;四是指导企业的战略成本管理,产品生命周期管理可以帮助企业根据产品所处的不同阶段制定相应的战略,从而更好地管理产品的成本,并在不同阶段实现成本控制和优化;五是整合价值链管理和作业管理,产品生命周期管理要求企业通过价值链管理和作业管理来实现对整个产品生命周期的成本管理,从而确保在每个环节都能够最大化地提高效率和降低成本。

产品生命周期管理不仅是一种企业管理的先进理念,更是战略管理会计的重要工具,可以帮助企业保持竞争优势和实现可持续发展。

9.综合业绩评价

传统的业绩评价方法在预算管理、责任会计和成本控制等方面发挥着重要作用,但其重点往往是基于事后的财务评价。即使是差异分析和责任中心的考核,也主要是基于事后的财务指标与预算或责任指标的对比。这种评价方法局限于单一的历史维度,过度强调财务会计的视角,导致业绩评价的不平衡性。而战略管理会计则提倡实施综合业绩评价,通过多维度评价对企业各层级、各部门乃至每个员工的绩效进行全面考量。具体的综合业绩评价方法有平衡计分卡、经济附加值、关键绩效指标等。综合业绩评价方法的实施能够帮助企业更全面地了解自身的绩效状况,促进各项业务活动的协调和优化,进而提升企业的竞争力和可持续发展能力。

案例 一个基于成本会计系统的损益计算实例

以某大型企业集团为例,除生产成本外,人事部门、采购部门、财务部门等辅助决策单位的费用控制问题备受关注。当时除了在各部门强调费用节约和规范约束,几乎没有人知道还有什么其他更有效的方法。甚至还有人错误地认为,人事、财务、采购和营业等部门的费用是无法有效控制的。

人事部门的费用问题相对较容易解决,因为其规模较小,主要从事事务性管理工作,因此可以等待条件成熟后再处理;但相比之下,采购部门的情况要复杂得多,不仅人数众多,而且业务繁重。该部门需要与供应商、物料部门、物流运输等多个单位保持密切联系,过去各公司、各事业部自行采购,但后来这些权力被集中到总管理处,采购金额和数量越来越大,有时高达几百甚至上千件,金额达数十亿元甚至上百亿元。尽管采购集中带来了巨大的综合效益,但也伴随着风险,特别是在管理基础和条件不完善的情况下更为突出。任何环节出现问题都可能导致损失和浪费,长期累积下来可能会造成巨大损失。

随着各公司不断引进新技术、新设备并加强制程改善,只要产能不扩张或产量不增加,生产成本中的直接原料、直接人工和变动制造费用似乎呈现稳定的趋势,或者说增长速度不再像以往那样迅速,但是管理销售、财务研究和固定成本部分却出现了显著增加的情况。为什么会出现这种情况呢?尽管生产成本的问题尚未完全解决,但非生产成本问题已经浮出水面,而且由非生产成本引发的问题可能更加严重。

这种将外部知识、内部实践和个人体悟有机结合,在组织力量的作用下内化为企业管理机制的一部分,并在实践中取得成果的管理思路,正是集团创始人所倡导的"管理合理化"的核心原则。他的目标是通过这种方式夯实企业的管理基础,以确保该集团在各个方面都具备迈向管理精细化的潜力。从当时的实践证明,创始人准确把握了制造业企业成本管理的基本规律。特别是从他在那段时间的言论中可以看出,他对成本问题的判断和对成本特性的评估,是他全力推动成本管理制度变革的主要动因。

通过对之前工作经验的归纳总结,创始人得出结论,认为专案改善小组的研究成果已经提供了相对真实的成本信息,并且至少可以说明他和他的经营团队在很大程度上能够准确区分出可以提前投入的资源和可以实时投入的资源。这一点至关重要,因为确定众多资源在时间序列条件下的性质,可以为他和他的经营团队在扩大生产或压缩生产时提供指导。

按照现代管理会计学的定义,所谓的"提前投入"和"实时投入"实际上指的是企业资源的约束性和非约束性。约束性资源包括固定成本,如厂房等,无论未来利用程度如何,企业都必须投入;而非约束性资源则包括变动成本,如原料和动力等,企业完全可以根据需要在市场上实时购买。

了解创始人对资源性质的看法至关重要,因为这是整个成本管理理念的理论基础。尽管他的观点表面上显得朴素简洁,但正是基于这些观点,他和他的专案改善小组逐步深入分析了成本的本质和可追溯性,然后迅速建立了两种不同形式成本项目的归集、计算、控制和改进方法。

对于制造业企业而言,无论资源是"提前投入"还是"实时投入",其重要性在于如何充分利用,既不能过剩,也不能不足,而是要在两者之间保持平衡。面对这一挑战,创始人选择改变成本控制的时间节点。过去,他根据实际成本来判断资源供应是否过剩或不足,但这对管理层的生产决策并不有利。因此,他现在的任务是将成本控制的时间点尽可能向前移,从"事后"分析转变为"事中"和"事前"控制。

首先,对于"实时投入"类的变动成本,辅助决策人员通常采取的基本方法是确保在安全时间内及时采购并供应原辅料、零部件等成本项目给各生产单位。该集团内的各公司、各事业部或各工厂都存在上下游关系,一道工序的产出必须恰好满足下一道工序的需求,既不多也不少。如果前一道工序的产出超过了后一道工序的需求,即下一道工序无法完全消耗前一道工序的产出,这意味着什么呢?这可能表明前一道工序的生产能力过剩,需要将部分产出暂时"保管"起来;或者,这也可能表明相较于前一道工序,后一道工序的生产能力明显不足。如果说"生产能力过剩"会导致资源浪费,那么"生产能力不足"则可能导致机会损失。

自从引入事业部制度以来,该集团已经将成本中心划分至各个生产科,甚至有些公司将其划分到了特定的关键设备上。每个成本中心每年都会制订成本改善目标,并将这些目标下达到具体的员工身上。这意味着成本控制的责任正在逐步下放,该集团正在全面建立起责任经营制度。换句话说,现在创始人可以直接将某个成本项目的责任追溯到相关人员,根据他们的改善绩效进行评估和奖励。尤其是对于成本中心主管来说,他们代表的成本中心不仅仅是成本归集和计算的最小单位,同时也是成本分析和改善的最基本主体。

根据创始人的要求,专案改善小组基本上已经梳理出各成本中心的可控成本范围和数量,让各成本中心主管真正承担成本责任。通过定期将实际成本与标准成本进行比较,可以有效地对业绩进行财务评估。换言之,各成本中心因为责任的明确划分而能够得到精确的绩效衡量和相应的激励,因此他们自然而然地会承担各自的成本责任。由于成本目标可以逐级下达,成本绩效也可以逐级递增。这是一个基本的原理,各成本中心的绩效总和必然等于整个企业的绩效。如果各成本中心的绩效都得到提升,那么整个企业的绩效也会相应提升。

创始人希望无论是"提前投入"成本还是"实时投入"成本,最终都能找到一个"要因"。这里的"要因"指的是导致成本变化的主要驱动因素。在西方管理会计学中,"动因"是讨论成本问题时的一个关键概念,但创始人没有直接采用这个术语,而是选择了"要因"这个词,并且一直沿用至今。他认为,"要因"指的是导致成本变动的主要原因,虽然和"动因"在概念上相近,但却更能反映出该集团对于成本问题有着与其他企业不同的看法和理解。

创始人认为,日美企业经过多年改进已经实现了成本结构的"最低化"。他们已经建立了完善的管理制度,如果产量不变,生产成本就不会有太大变化;只有在产量明显增加的情况下,生产成本才会显著增加。在这种情况下,管理层的焦点将转移到"追溯显著增加的其他成本(即非生产成本)"上,已有的工具可以发现问题并解决问题,一切都按部就班进行。但与此相比,该集团的成本结构远未达到最低化,即使产量不增加,各种成本问题也层出不穷。因此,首要任务是建立和完善成本管理制度,因为仅依靠人力是无法从根本上解决成本问题的。因此,从这个角度来看,"要因"不仅是指导致成本变动的主要原因,而且是指"对我们来说,是重要的那部分原因"。

专案改善小组的辅助决策人员感受到,创始人已经将集团的成本管理提升到了一个更高的层次:他需要的不仅仅是与产量有关的成本动因,而且还关注非产量动因。可以说,不断地探索成本动因,特别是将重点从产量动因转向非产量动因,是该集团实现成本管理精细化的明显迹象。创始人经常以采购部门为例,指出:生产过程与原材料采购有关,但与采购成本无关。采购部门派出哪位采购人员负责采购、采用了哪种采购方式、原料的运输过程如何完成、从仓库如何调运到生产单位等,这些作业步骤和过程因为具有同一个目的,因此可以被看作是一个工作流程。

从流程的顶端开始,就像分解流水线式生产线的各个工序一样,如果能够一项接着一项地持续分析下去,由此得到的成本或费用信息可能更加准确。由于产量和采购成本无关,因此不能按照产量动因去追溯,而应该将精力集中到每一项采购作业上。现在看来,只有通过细致而系统的作业分析,辅助决策人员才能完成采购成本动因的追溯过程,或者说才能完成所谓的"追溯动作"。更进一步地,只有通过采购作业分析与改善,该集团的采购成本管理才可能在整体上达到"由点及线,由线及面"的高级境界。

该集团建立正式成本管理体系时,创始人认识到提高产品质量有两个途径:一是注重工艺改进;二是实施作业整理。创始人强调了作业整理的重要性,因为工艺改进本身也是一种作业。他解释说,企业作业实际上是人工作业和机器作业的结合。机器是固定的,而人是灵活的,因此成本分析和控制的关键在于如何管理人的行为,因为所有成本都是由人的作业活动引起的。因此,作业整理的目的是通过作业改善实现人机之间的完美结合。

按照科学管理的原则,只有工人的每一个动作都是有效的作业,管理才能达到最佳状态。创始人的观点表明,他早期提出的作业整理的核心含义,并不是一味地降低成本,而是如何消除人机作业中的浪费,充分利用各种资源。在创始人的指导下,专案改善小组的所有辅助决策人员夜以继日地工作着,他们忙碌的身影在工厂的各个角落都可以看到。

尤其值得赞赏的是,专案改善小组的工作不仅提升了各工厂的管理水平,同时也为企业带来了可观的财务收益。在高度分权的直线生产体系中,各工厂都以利润中心的形式运营,专案改善小组采用的使各工厂直接受益的工作方式逐渐得到了生产一线的管理员和员工的认可和赞扬,从而从根本上改变了直线辅助决策人员体系与直线生产体系之间的"对立"情绪。反过来说,当专案改善小组获得各工厂的密切配合和支持后,他们的分析和改善工作就更加顺利了。

第四章

作业成本法与作业整理法

第一节 作业成本法基本概念与原理

一、相关概念

(一)作业与作业类型

1.作业

作业是作业成本计算的基础概念,是对特定任务或活动的核心定义。在生产经营过程中,各项作业构成了整个流程的基础。因此,保持作业的连贯性和经济性至关重要。换言之,人们的工作和生产经营活动都是通过完成一项又一项的作业来实现的。

在作业成本计算方法中,作业是资源消耗的集中体现,它将资源消耗与产品成本联系在一起,起到了连接的作用。根据"管理会计应用指引第304号——作业成本法"的定义,作业是指企业基于特定目的重复执行的任务或活动,它连接了资源和成本对象之间的关系。作业可以是具体的任务或活动,也可以泛指一类任务或活动。

2.作业与流程的关系

作业是一个相对的概念,它与流程和任务两个概念密切相关:流程由多个作业组成,而作业又由多个任务组成。

流程是指为实现特定目标而按顺序连接的一系列作业,具有明确的起始和结束,并且可以明确识别投入和产出。例如,在生产流程中,材料采购、存储、搬运、加工和最终成品的存储等都被视为不同的作业。而每个作业又可以进一步分解为多个具体任务。例如,材料采购可能包括生产部门的需求提出、采购部门的审批、订单的发出、收货验收等。从某种意义上说,流程可以被看作一系列相互联系的作业所构成的链条或供应链。

3.作业类型

(1)单产性作业,是指对单位产品或服务产生影响的作业,即每生产一个单位的产品或提供一次服务就执行一次的作业,例如,直接材料或直接人工的使用、机器保养等。这类作业所耗费的资源成本与产品产量或服务量呈正比变动,即如果产量增加一倍,则直接材料、直接人工成本也会相应增加一倍。此外,与产品生产数量相关的还包括每个产品所需的质量检查所消耗的间接人工成本。

(2)批量性作业,是指对一批产品或服务产生影响的作业,即每生产一批产品或提供一批服务就执行一次的作业。这类作业及其成本与产品或服务批次相关,随着产品或服务批次的增减而增减。举例来说,这包括对每批产品的机器准备、订单处理、批次质量检验及材料处理等,这些是该批产品所有单位产品的共同成本。当生产批次增多时,机器准备成本会相应增加。一旦机器准备完成,无论每批产品生产多少单位,准备成本都保持不变,与产量多少无直接关系。另外,如果仅对每批产品中抽取一件进行检测,则进行质量检查所消耗的间接人工与产品批次相关,而与具体产品数量没有直接关系。

(3)品种性作业,是指为某种产品或服务的存在而进行的作业,即为了特定产品(或服务)或产品线的需求而执行的作业。这类作业包括产品设计、工艺流程设计、客户关系处理、材料清单编制、数控规划、工程变更处理、线路测试等。这类作业服务于各项产品的生产与销售,其成本与生产产品的品种或生产线相关,而与产品的数量和批次无关。

(4)定制性作业,是指针对特定顾客需求而进行的作业,例如为特定顾客提供的售后服务。这类作业保障企业将产品(或服务)销售给个别客户,但作业本身与产品(或服务)的数量独立,包括向个别客户提供技术支持活动、咨询活动、个性化包装等。

(5)生产支持性作业,是指为了维护整个企业的总体生产能力而执行的作业,包括工厂管理、照明、热动力等。这类作业是保障业务顺利进行的基本条件,使所有产品(或服务)都受益,但与产量或销量无直接关系。其成本是为生产全部产品而共同承担的成本,取决于企业的规模与结构。这类作业还包括管理活动、针对企业整体的宣传推广等。

(二)作业链和价值链

1.作业链

作业链是作业成本管理会计的核心概念之一,其主要目标是通过一系列有序的作业为顾客提供更多的价值,并从中获取更多的利润。现代企业可以被视为一个有序的作业集合体,旨在满足最终顾客的需求。在这个有序的集合体中,各个环节相互关联,形成了紧密的作业链。简而言之,作业链是一系列有序作业的集合,与成本紧密相关。

企业的作业链通常包括研发、设计、生产、销售、营销、配送和售后服务这几个环节。这些环节相互连接,并且每个环节都对顾客价值和企业利润产生重要影响。

2.价值链

价值链是指开发、生产、营销和向顾客交付产品与劳务所必需的一系列价值的集合。价值链可以被视为作业链的货币化表现形式,而作业链的构建过程也是价值链的建立过程。然而,并非所有的作业都直接增加顾客所感知到的价值。

价值链分析是以作业链为基础的,旨在优化企业的生产经营过程。这一优化过程涉及将作业链上的各项作业划分为增值作业和非增值作业。增值作业是那些为顾客提供价值且不可或缺的作业,其增减会直接影响顾客的价值感知。与之相反,非增值作业则是那些即使被移除,仍然能够保持与顾客期望相符的效果的作业。

在企业中,可能存在多种非增值作业,例如搬运作业(将物品从一处转移到另一处)、等待作业(因停机待料或停机待人而产生的时间浪费)、检查作业(对产品是否符合标准进行检查)、存储作业(对材料或产品进行储存)。对这些非增值作业进行识别和优化,有助于提高企业的生产效率和顾客满意度。

3.价值的界定

在管理会计实践中,价值被界定为"顾客价值",其体现为顾客在购买产品或服务时所获得的"所得—所失"之差。

"所得"涵盖了产品或服务的使用价值,以及顾客获得的其他有形和无形收益;而"所失"不仅仅包括了购买产品或服务的价格,还包括为了学习和使用产品而付出的时间成本和精力,以及使用、维护和处理产品所产生的成本。从这个角度来看,产品的价格取决于其对消费者的价值,而不是仅仅取决于生产成本。

(三)成本动因

1987 年,库珀和卡普兰提出了"成本动因"的概念。他们认为,作业成本法需要将间接成本与其后隐藏的推动力联系起来,这一推动力被称为成本动因。

成本动因指的是"某一特定作业和一系列成本之间的因果关系",它是导致作业成本发生和变化的因素,即成本的驱动因素,是决定成本结构和金额的根本原因。

传统的成本管理会计通常将产量视为唯一的成本动因,例如固定成本和变动成本的划分、盈亏平衡分析、边际利润分析等都是基于这一假设。实际上,成本动因不仅仅局限于产量,还包括采购次数、检验次数、搬运次数与距离等因素。

成本动因必须是可量化的,可量化的成本动因包括生产准备次数、零部件数量、不同的批量规模数、工程小时数等。在对成本动因进行分析时,需要进一步分析资源动因和作业动因。

(1)资源动因是导致作业成本增加的驱动因素,反映了作业所耗费的资源数量,是将资源分配到作业的基础。根据资源成本动因,可以将资源成本合理地分配给相关作业,从而准确反映作业量与资源消耗之间的关系,这也构成了将资源成本分配到作业中心的依据。

在资源分配的过程中,由于资源逐项分配到作业中,因此形成了各个作业的成本要素,这些成本要素的总和构成了作业成本库。通过对成本要素和成本库的分析,可以发现哪些资源需要减少,哪些资源需要重新配置,从而制定改进和降低作业成本的策略。

(2)作业动因是导致产品成本增加的驱动因素,用以衡量成本对象(如产品、服务或顾客)所需的作业量。它量化了各个成本对象耗用作业的情况,是将作业成本分配到产品或产出的基础。

作业动因反映了产品或服务的最终产出量与作业消耗量之间的关系,揭示了成本计算对象耗用作业的频率和程度。作业动因的选择直接关系到作业成本法的应用效果。它是将作业成本库中的成本分配到产品、劳务或顾客的标准,也是沟通资源消耗与最终产出之间的桥梁。

在选择成本动因时,一般由企业的工程技术人员、成本会计人员等专门小组进行认真分析和讨论后确定。企业的经营活动越复杂,成本动因的数量也就越多。因此,确定成本动因需要仔细权衡和综合考虑,以确保作业成本的准确计量和合理分配。

(四)成本计算对象

成本对象是企业执行各项作业的原因,它是归集成本的最终点。根据企业的管理需求,成本对象可以是产品,也可以是作业、部门、生产线或一个人,乃至整个企业,甚至可以是企业的外部顾客。

在传统成本计算法和作业成本计算法下,成本计算对象由于目的不同而有所不同。传统成本计算通常以产品为成本计算对象,采用分步法或分批法,目的是满足计算存货成本的需要,并提供有关企业财务状况和经营成果的会计信息。

作业成本计算法要求成本信息不仅要反映企业财务状况和经营成果,还要满足成本控制和生产分析的要求。其成本计算的成本对象是多层次的,通常包括资源、作业、作业中心和制造中心等几个层次。

当作业成本计算法将资源、作业、作业中心、制造中心等概念引入成本控制时,就形成了一个完整的作业成本体系。

1. 资源

企业所获取的资源,并非都会被耗费;即便会被耗费,也并非都对最终产出有意义。因此,作业成本计算法将资源作为成本对象,旨在反映被最终产品吸收的有意义资源耗费的价值。

资源指的是企业在一定时期内进行经济活动所涉及的各类资源消耗,包括有形资源(如货币、材料、人力、动力)和无形资源。

成本管理需要解决两个问题:一是区分有用的消耗和无用的消耗,将无用的消耗价值单独列出,并将有用的资源价值分配到相关作业中;二是辨别资源消耗的作业情况,了解资源的消耗方式,并找出资源的动因,根据这些动因将资源消耗的价值分配到各个相关作业中。

2. 作业

作业在企业生产过程中指的是各种工序和环节。从作业成本计算的角度来看,作业是在特定范围内基于特定目的、以人为主体、消耗一定资源的工作。

作业应具备的特征包括:(1)作业以人为主体;(2)作业消耗一定资源,包括人力资源和物质资源;(3)作业的目的是区分不同作业的标志;(4)在不合理的生产流程中,作业可区分为增值作业和非增值作业,非增值作业虽然也消耗资源,但并不是合理的消耗;(5)作业的范围可以被限制。

3. 作业中心

作业中心是一系列完成特定产品制造功能的作业集合。作业中心既是成本聚合的中心,也是责任评估的中心。

在通常情况下,作业中心的设立并非为了成本计算,而是为了管理而设立或确定的。在传统的制造企业中,经营过程通常被划分为材料采购、产品生产和产品销售三个阶段,而根据作业成本计算理论,这三个阶段均可被视为作业中心。

4. 制造中心

作为成本计算对象,制造中心实质上是指计算其产出产品的成本。

在通常情况下,一个大型制造企业可以划分为多个制造中心,这些制造中心的划分基于它们只生产某一种产品或某个系列产品。需要注意的是,制造中心所生产的产品通常是相对于该制造中心而言,并不一定是企业的最终产品。

二、基本原理

作业成本计算的理论基础是"成本驱动因素",其核心原则包括两点:一是产品消耗资源,作业消耗资源;二是生产产生作业,作业产生成本。

作业成本的实质在于利用作业来分离、汇总和组合资源消耗和产品成本,从而形成各种产品成本和不同的管理成本。这种方法将成本计算与成本管理相结合,是一种综合的管理方式。

作业成本计算法更贴近实际,用更精确的成本分析取代了简单的成本分配方法。美国学者托尼提出了"二维作业成本模型",用以解释作业成本制度的原理。该模型构建了一个平面坐标系:纵轴代表成本分配观点,横轴代表流程观点,两者交会处即为作业。在托尼模型中,作业是被置于中心位置的概念。纵轴基于成本分配观点的设计,其前提是"产品耗费作业,作业耗费资源"。按照此观点,产品成本的计算分为两步:第一步是按照资源动因将耗费的资源计入作业并计算作业成本;第二步是按照作业动因将作业成本计入产品并计算产品成本。横轴则基于流程观点的设计,即作业管理(Activity-based Management, ABM),包括流程优化和对流程相关人员的绩效考核两个主要内容。流程优化实质上是对每项作业进行优化,必须在了解作业发生的环节和原因的基础上进行流程优化。管理实质上是对人员的管理,作业管理则通过管理人员来管理作业。因此,在流程优化的基础上,需要为流程相关人员设定绩效指标,并对完成的结果进行评价。

需要注意的是,成本分配观点与流程观点之间并非孤立存在,它们相互关联。在成本分配观点下,作业成本计算的主要目的是满足流程观点下作业管理的信息需求。相较于传统的成本计算方法,作业成本计算使间接费用的分配更加准确。然而,如果被分配的间接费用中存在浪费和低效率,那么最多只能将一个"坏的"成本数额分配给一个"好的"分配对象,因此唯一可行的选择是通过流程优化来改善作业,进而优化成本。从技术角度来看,成本分配观点的目的是提高成本计算的准确性,而流程观点则关注成本的控制。成本控制的关键在于控制成本动因,通过对作业的分析,找出真正的成本动因,并控制其发生以及发生的程度。从管理的角度来看,成本管理也是对人员的管理。对于管理人员,关键在于为他们设定业绩指标,并对其完成情况进行评价。因此,计算成本是为了控制成本。

三、作业成本法的目标

"管理会计应用指引第 304 号——作业成本法"总结了如下作业成本

法的目标。

(1)通过跟踪所有资源费用到作业,然后再到流程、产品、分销渠道或客户等成本对象,提供全面、多方面的更准确的成本信息。

(2)通过确定作业、分析成本动因,以及对作业效率、质量和时间的衡量,更准确地揭示资源、作业和成本之间的相互关系,为资源的合理配置,以及作业、流程和作业链(或价值链)的持续优化提供依据。

(3)通过作业成本法提供的信息及其分析,为企业更有效地开展规划、决策、控制、评价等各种管理活动奠定坚实的基础。

第二节　作业成本法的计算方法

一、作业成本法的定义

作业是指企业为实现特定目标而反复执行的任务或活动,是将资源和成本对象连接起来的桥梁。一项作业可以是具体的任务或活动,也可以是一类任务或活动,如产品设计、设备装配、生产运营和产品分销等。简而言之,作业是企业所做的事情。作业成本法是一种管理会计方法,旨在识别价值链上的所有作业,并测量每个作业的成本,然后根据生产每个产品或提供每项服务所需的作业组合将成本分配给产品或服务等成本对象。换句话说,作业成本法通过将单个作业确定为基本的成本对象来改进成本系统,是改进成本系统的有效工具之一。

"管理会计应用指引第 304 号——作业成本法"阐释了作业成本法的

定义:根据"作业消耗资源、产出消耗作业"的原则,按照资源动因将资源费用追溯或分配至各项作业,计算作业成本,然后根据作业动因将作业成本追溯或分配至各成本对象,以完成成本管理的方法。

二、核算特点

作业成本计算的关键在于解决间接费用的正确归集和合理分配问题。随着生产智能化的发展,制造费用在产品成本中所占比重显著增加,同时其构成也变得更加复杂。因此,作业成本计算必须重点关注制造费用,以提高产品成本计算的准确性和成本控制的有效性。实现制造费用核算的改革主要体现在如下几个方面。

(1)将制造费用的分配范围缩小,从单一的全厂统一分配改为由多个成本库分别进行分配,根据引起制造费用发生的各种成本动因进行制造费用分配。作业成本计算法通过设立多样化的成本库,并根据多样化的成本动因进行制造费用分配,使得成本计算,特别是制造费用在产品对象化过程中的明细化程度大幅提高,这进一步提高了成本的可归属性。

(2)增加间接成本库的数量,直至每个成本库内都是同质的。在同质的成本库中,所有成本都与用作成本分配基础的单一成本动因有相同或相似的因果联系。例如,一个同时包含间接机器成本和间接分销成本并使用机器工时数进行分配的成本库就不是同质的,因为机器工时是机器成本的成本动因,但不是分销成本的成本动因。分销成本的成本动因应该是装运数量。如果将机器成本和分销成本分别分配到两个间接成本库中,其中一个用机器工时作为成本分配的基础,另一个用装运数量作为成本分配的基础,那么每个间接成本库都会变得同质化。

(3)只要具有可行性,应该将成本动因作为每一个同质的间接成本库的成本分配基础。作业成本库是指按照相同作业动因归集各种资源消耗项目的成本类别,即相同成本动因的作业成本集合。通过建立作业成本库,将间接费用的分配与产生这些费用的动因联系起来,不同的作业成本库会选择不同的成本动因作为分配标准。在作业成本库中汇总的成本可以使用相同的作业动因作为标准,将其成本分配给各个产品或劳务。作业中心与成本库密切相关,因为成本库所汇总的成本通常是作业中心的成本,因此有些人将作业中心与成本库视为同一概念。

(4)在采用及时生产系统的情况下,由于要求在供应、生产和销售环节实现"零库存",意味着按照作业成本计算所确定的"产品成本"同时也是这一期间发生的"期间成本",使产品成本和期间成本趋于一致,成为一种非累积性的成本计算。与传统的受期初和期末存货成本结转影响的累积性成本计算相比,这是成本计算上的一个重大转变。

作为一种明细化的非累积性成本信息系统,作业成本计算能够对不同产品进行区分,并动态反映所有作业活动,全程跟踪其现金流入与流出,从而使管理者可及时、全面地了解不同产品在不同时期的现金流情况,为准确评估各项经营项目、单位和个人的绩效提供了极为有用的成本信息。

三、作业成本法的计算程序

作业成本法基于"作业消耗资源,成本对象消耗作业"这一前提,将焦点放在作业上,以作业为核算对象,根据不同的成本动因分别设立成本库,然后根据各种成本对象所消耗的作业量,在相应的成本库中分摊作业成本,然后分别汇总各种成本对象的作业总成本,计算出它们的总成本和单位成本。具体计算步骤如下。

1. 确认主要作业与作业中心

作业中心代表着生产流程的各个部分,比如检验部门就是一个典型的作业中心。按照作业中心披露成本信息,企业能够更好地管理和评估各项作业的表现。

2.将资源成本分配到作业中心

这一步将已经汇总的投入成本或资源分配到每个作业中心的成本库,每个成本库代表着它所在的那个中心所执行的具体作业。这个分配过程反映了作业成本法的核心原则:作业量决定了资源的消耗量。资源消耗量与作业量之间的关系称为"资源动因"。在此分配过程中,资源动因是基础。举例来说,如果将"检验部门"定义为一个作业中心,那么"检验小时"就成为一个资源动因。因此,许多与检验相关的成本将被归集到消耗这一资源的作业中心。这个步骤是作业成本法的核心所在,其目的是计算企业各种作业的成本。

3.将各个作业中心的成本分配到成本对象

成本分配过程反映了作业成本法中的一个基本前提,即成本对象的产出量决定了作业的消耗量。这种作业消耗量与企业组织的产出量之间的关系被称为"作业动因",它是作业成本法理论的延伸。通过前述的步骤,已经计算出了企业各种作业的成本,因此企业可以根据需要灵活地计算各种成本对象的成本。需要强调的是,产品只是作业成本法的众多成本对象之一。

按照作业成本法的基本原理,成本动因的选择至关重要。一般情况下,应该由企业的工程技术人员和成本会计师等专业人员组成的小组进行讨论和确定。在选择成本动因时,需要特别注意如下两个方面。

(1)成本动因应该简单明了,易于理解和量化,便于从已有资料中区分出来,并且与相关部门的产出直接相关。

(2)需要兼顾代表性和全面性。在选择成本动因时,应该避免使作业成本法过于复杂、难以实施,涵盖范围不宜过广。应尽量选择具有代表性或者重要性的成本动因,但又要注意避免选择过于简单化的动因。

作业成本法的一些典型的作业成本库和成本动因如表 4-1 所示。

表 4-1　作业成本库和成本动因的典型例子

作业成本库	成本动因
整备	整备次数或整备时数
质量控制	检验次数
材料采购	供应商的数量或购货订单的数量
顾客关系	顾客的数量或部门分布或顾客订单数量
材料处理	材料移动次数或材料移动距离

第三节　作业成本管理

作业成本管理是运用作业成本计算提供的信息,通过从成本角度合理安排产品或劳务的销售组合,寻找改进作业和生产流程、提高生产率的机会。作业成本管理主要从成本方面来优化企业的作业链和价值链,是作业管理的重要组成部分。

值得注意的是,作业成本计算的最终目的在于准确评估不同产品或劳务的盈利水平,以帮助企业实现最大效益。这是从企业战略层面进行作业成本管理的最终目标。

作业成本计算法揭示了不同产品的真实盈利情况,有助于企业克服传统成本计算的不足,做出一系列能提高盈利水平的决策,这被称为"作业成本管理"。作业成本管理通常包括产品定价决策、顾客经营决策、产品替代决策、产品设计改进、生产过程改善决策、技术投资决策和停产决策等方面。

1. 产品定价决策

产品定价通常分为两种类型:市场定价和成本定价。在完全竞争的市场中,产品价格由市场决定,企业必须根据市场情况调整定价策略。为了在竞争激烈的市场中脱颖而出,企业需要通过产品设计、替代、功能改进及成本控制等提升竞争力。

而在处于垄断地位或面临无竞争对手的市场中,企业可以基于成本设定价格。在这种情况下,企业对产品定价拥有更大的自主权。通常情况下,大批量生产的产品由于规模效应成本低,竞争激烈,因此价格定位更具竞争性。相反,小批量生产的产品由于定制化需求,生产成本高,市场竞争较少,顾客更愿意接受较高的价格。

作业成本计算提供更准确的成本信息,有助于企业在定价策略上做出更明智的决策,从而在市场竞争中取得优势。

2. 顾客经营决策

作业成本计算不仅提高了成本计算的准确性,还有助于企业管理层对不同层次的客户进行合理分类和决策。一般而言,企业会针对不同的客户提供各种服务,并相应地确定价格,以实现成本与收益的平衡。对客户的分类可以基于服务成本的高低进行划分,即服务成本较高的客户和服务成本较低的客户。这种划分取决于多种影响因素,通过对这些因素的综合考量,企业可以更好地理解不同客户群体的特点,制定相应的服务策略和定价政策,从而更好地满足客户需求并实现可持续发展。

不同性质的顾客具有不同的销售利润,如表 4-2 所示。

表 4-2　不同服务成本的顾客特征

服务成本高的客户	服务成本低的客户
特殊订货	正常订货
小批量生产	大批量生产

服务成本高的客户	服务成本低的客户
一次性客户	老客户
有特定送货需求	正常送货
人工操作	自动化
较高的营销储备	较少的营销成本
要求有存货储备	适时供应
赊账支付方式	现金交易

理论上,可以使用一个类似于矩阵的坐标图来展现服务成本与相应利润之间的关系,如图4-1所示。在图4-1中,横轴代表为客户提供服务所支付的成本,纵轴代表从客户销售中取得的盈利。以下是四类客户的基本特征描述。

A类:低成本、高盈利的客户。这类客户对企业极具吸引力,因为他们为企业带来了高额利润。管理层应该重视这类客户,甚至在必要时通过降低价格来争取他们,以取得竞争优势。

B类:高成本、高盈利的客户。尽管这类客户的服务成本较高,但他们为企业带来了高额利润,符合市场竞争规律。企业应该努力争取这类客户,以获得相应的市场份额,只要销售收入能够补偿服务成本。

C类:低成本、低盈利的客户。这类客户与B类客户相似,但对价格敏感。企业应该注重信誉,逐步培养这类客户成为忠实的老客户。

D类:高成本、低盈利的客户。针对这类客户,企业需要具体分析,并采取措施使其向左上方移动。这类客户的高成本可能源于内部原因或外部原因,例如生产安排、营销策略、客户需求等。企业应该从内外两方面进行改进,从而使这类客户成为盈利的客户。

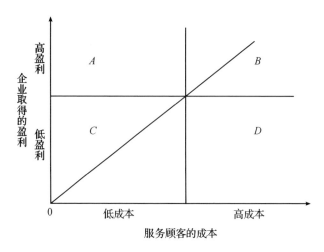

图 4-1　服务成本与相应利润之间的关系

3. 产品替代决策

对于一些批量较小且难以提高价格的产品,一种较好的解决方案是考虑替代产品。替代产品有两个主要优势:一是能够在原有价格基础上降低生产成本;二是在保持原有成本不变的情况下增加产品功能,从而提高价格。这是因为顾客通常更关注产品的价格和性能,而不是其生产成本。

4. 产品设计改进决策

很多产品的价格之所以居高不下,其关键问题在于设计不合理。传统的成本计算方法容易忽视许多产品组件和生产过程,导致一些部件成本偏高,生产环节存在多余。因此,降低产品成本在很大程度上取决于产品最初的设计。作业成本计算法详细分析哪些部件可以替换成更便宜的材料,哪些生产步骤可以适当简化,从而全方位地降低产品成本。产品设计的改进对于顾客来说通常不会有影响,但对企业而言却具有重要意义。通过设计的改进,企业可以在不降低产品质量或采用替代品的情况下提高盈利水平。

5. 生产过程改善决策

在生产过程中,成本发生的过程至关重要,因为改善这一过程对于降低产品成本具有重大的意义。在传统的成本计算方法中,产品成本主要由原材料、人工费和制造费构成。然而,由于制造费用将所有间接费用混合在一起,因此很难有针对性地降低成本。然而,通过作业成本计算法,我们可以根据作业的特性对间接成本进行划分,这样就可以有针对性地调整作业,合理安排各作业的生产批次,提高作业的利用效率,从而实现降低成本的目标。

6. 技术投资决策

面对激烈的市场竞争,企业必须高度重视客户满意度。市场需求多种多样,既有大批量需求,也有小批量甚至单件订货。为了应对这种多样化需求,企业需要采用具有弹性的制造系统。这种系统不仅在硬件设置上能够适应不同批量生产的需求,而且在软件管理方面也能够提供多样化的信息支持。例如,采用计算机辅助设计、计算机辅助测试和计算机辅助制造等新技术。这些新技术的应用不仅大幅提升了企业的生产能力和市场适应能力,同时也对降低产品成本具有重要意义。然而,这些新技术的应用必须建立在作业成本计算体系的基础上。因为各个作业对产品成本的影响程度不同,只有在作业划分的基础上进行分析,才能做出相应的决策。

7. 停产决策

我们已经就降低成本采取的多种措施进行了探讨。然而,对于任何一家企业来说,并非所有上述提及的方法都适用。在某些情况下,可能会出现各种无法克服的困难或不可行的情况。因此,我们面临的最后手段就是停止生产。

从销售的角度来看,停产意味着失去市场份额,但在作业成本计算中,我们主要从成本的角度来考虑这个问题。有些产品可能在表面上看起来没有盈利空间,但它们对其他产品的销售可能具有促进作用。例如,与其放弃某种产品的盈利,不如获取其他产品的盈利,这可能会提升企业整体的盈利水平。作业成本计算不仅能够帮助我们分析不同产品的实际成本消耗,而且对降低这些配套产品的整体成本具有重要意义。

综上所述,作业成本管理的核心在于充分利用作业成本计算所具有的特定优势,协助企业管理者做出各种明智的决策。这些决策范围涵盖了产品定价、顾客经营、产品替代、产品设计改进、生产过程改善、技术投资及停产等多个方面。在作业成本计算的框架下,这些决策能够得到更为准确和全面的实施。

第四节　作业整理法及其应用

在 20 世纪 60 年代,部分制造业企业创始人主要采用并推行的是作业整理法。换言之,作业整理法是当时管理分析和改进活动的主要内容,由于其系统性和长期的实践,最终演变成为一种高效的管理方法。特别是在固定制造费用和期间费用的控制方面,作业整理法发挥了至关重要的作用,并为制造业集团的"降本增效"做出了重要的经济贡献。

作业整理法最初源自质量提高活动,后来在整个制造链条上实施了双向拓展。这里的"双向"指的是可以向下追溯至客户的客户,也可以向上追溯至供应商的供应商,即从供应链的最初端到消费者端,每个环节都留下了辅助决策人员的"整理踪迹"。他们的目标是要打通整个供应链,逐步消除其中的无效作业,以减少浪费,使整个制造价值链能够有序高效地运转。

20 世纪 70 年代后,作业整理法在制造业集团中的知名度逐渐下降。制造业企业创始人开始采用作业分析和作业改善等方法,随后逐渐将其与管理改善相结合。后来,这些方法被整合成了一体,统称为管理合理化。如今,在制造业集团内部,几乎人人皆知管理合理化,但对作业整理法的产生背景及其作用的了解却十分有限。

作业整理法可谓承载了 20 世纪 70 年代以前的全部管理智慧和方法。如今,我们所熟知并广泛应用的管理合理化及其涵盖的一整套管理理论和方法,正是由作业整理法逐步演化而来的。其核心内容主要包括如下几个方面。

(1)工艺流程整理,是指对石化原料生产中各个工序和部门排列的程序进行梳理。这需要辅助决策人员对工艺流程(也称制程)中的逻辑进行深入分析,以确保人员、设备、原料等各个环节能够始终处于受控状态。同时,在整理过程中,辅助决策人员应特别关注是否可以逐步消除、减少、整合或简化一些多余的操作环节。

(2)生产布局整理,是指对工厂的平面布局及车间和设备的布置进行整理。石化原料的生产注重流程化,生产过程单一且连贯。通过充分利用地面和空间,使加工路线最短化,有利于操作员的作业,同时也方便运输并保障安全。即使消除一个多余的动作或减少一次搬运次数,工厂也能因此节省相应的成本或费用。

(3)生产线整理,是指对生产线进行平衡处理。在合理的生产布局下,生产线的平衡意味着作业时间和作业速度都得到合理安排,避免出现积压或等待的情况。整个生产过程由多道工序串联和整合而成,若其中任何一道工序发生问题,都可能成为整条生产线的瓶颈。因此,生产线整理的核心在于及时发现、分析并解决瓶颈问题。

(4)人工动作整理,旨在提高人工动作的效率。人的各种动作构成了每项操作或作业的基本要素。通常,不合理的动作方式,如疲劳和注意力分散,是影响生产效率的主要因素。因此,人工动作整理的核心在于减少操作中的非生产性动作,以最小的劳动成本获取最大的工作产出,从而实现人力资源的高效利用。

由此可见,当时推行的作业整理法是根据当时的管理需求逐步发展起来的,主要包括程序整理和操作整理两个方面。程序整理的重点在于提高流程效率。辅助决策人员对整个生产过程进行详细记录和分析,以便全面了解工序的状态,及时发现流程异常,并通过 IE 方法进行改进。而操作整理则注重提高工序效率,特别是强调分析人机配合和相关管理问题。

每个员工的操作行为都由一系列动作组成,这些动作是否符合规范是影响人机配合效率的关键。辅助决策人员的主要任务是针对大量作业项目建立这些管控标准。他们不仅需要建立程序标准,还需要建立操作标准。

无论是程序整理还是操作整理,都可以称为作业整理。所谓"整理",原指通过人工分析活动使现有作业有序,并去除不必要的元素。在工厂中,"整理"指通过作业分析实现管理的改善和效率的提高。在制造业集团中,所有员工,包括管理人员在内,所从事的作业活动可分为"机器作业"和"非机器作业"两类。确保这两类作业活动有序,且排除不必要的元素,需要经历长期而艰辛的"整理过程"。

这意味着辅助决策人员的分析活动将集中在"使用"和"不使用"机器上,并需要严格区分两种分析活动的内容和方法。通常情况下,"使用机器的作业"是可见、可触及的,往往涉及科学或技术活动,因此分析的目的在于提高机器的使用效率;而"不使用机器的作业"虽然不可见也不可触及,但其作业内容是由"非机器操作者"提供给"机器操作者"的管理服务,因此分析的目的在于提高服务效率。

因此,辅助决策人员在进行这两种不同类型的作业分析时,必须首先从划分成本中心开始,即要清楚划定各自的责任范围。所谓责任范围,指的是每个成本中心可控制的成本项目的总和。这意味着该中心只对可控制成本负责,对于不可控部分,可以另行划分成本中心,将不可控制的部分转化为可控制的,并由后者负责。此外,成本中心也是最小的责任单位,每个成本中心的任何一项作业,无论是"使用机器的作业"还是"不使用机器的作业"，其效率高低都可以从成本报表中反映出来。

显然，报表体系的建设对于实现作业整理至关重要，它实际上是整个管理流程的一个关键组成部分。报表在作业整理中的管理功能在于将管理制度细化为一张张表单，使表单的统计范围能够按照管理者的意图覆盖企业的所有管理活动。这些报表不仅可以记录每项作业对企业资源的消耗情况，还可以记录责任人和责任单位是否履行了责任及履行的程度等基本信息。更为重要的是，这些表单在管理系统中"上下左右流动的轨迹"正是企业需建立的管理流程。

例如，一个生产单位的成本报表应包含材料费、人工费等消耗情况，其内容汇总后可能涉及上百项甚至近千项成本项目。在这种情况下，辅助决策人员的分析重点应首先放在生产开始前，确定各项"标准消耗"。这意味着需要制定合理的消耗标准，既不能过高也不能过低，既要能被生产单位接受，又要能达到管理与控制的效果。其次，在生产完成后，需要对"成本差异"进行逐项分析。通常情况下，如果没有发现差异，分析过程就失去了意义。

成本差异的原因多种多样，仅通过常规财务报表不一定能全面揭示。现场人员因忙于生产，未必有时间深入分析其原因，此时需要专门的辅助决策团队耐心地建立管理会计报表体系并进行详细分析，逐步追踪，直至找到影响成本变动的根本原因。从目前的实施情况来看，由"使用机器的作业"引起的差异较容易解决，因为大多数差异是违反技术逻辑导致的；而由"不使用机器的作业"引起的差异则非常难以解决，因为这类差异不涉及技术逻辑问题，其因果关系非常复杂。如果没有辅助决策团队的深入分析，恐怕很难找到真正合理的答案。

在上百项或近千项成本项目中，材料和人工成本因与产量直接相关，所以可以采用美国企业现有的标准成本法来加以控制。美国的做法是在事前建立消耗标准和人工标准，如果实际成本高于或低于标准成本，辅助决策人员就可以通过单位成本比较表轻松发现实际成本的变动情况。然而,对于材料工费中的最后一项——制造费用,则必须加以区别对待,不能简单地使用标准成本法进行控制,而是需要逐项分析所有成本或费用项目的变动规律。

尽管西方管理会计已对制造费用进行了严格区分,将其分为变动和固定两部分,但对于固定部分始终没有找到有效的甄别和控制方法。随着会计理论的发展,一些大企业虽然能够使用标准成本法来控制变动制造费用,并按照人工工时或机器工时等比率指标将其分配到产品,但对固定制造费用仍然束手无策,不得不将其简单地分摊到产品上。随着时间推移,"分摊"这种会计处理办法显然会扭曲固定制造费用的真实性和准确性。对于更加复杂的管理、销售、财务和研发等费用的控制,会计学中将这些费用定义为期间费用,也称为非生产成本(包括固定制造费用);而材料和人工成本(不含固定制造费用)则被定义为产品成本,也被称为生产成本。两者合在一起被视为企业的总成本。辅助决策人员需要在一开始就同时瞄准企业的总成本和单个的成本项目,即既要为企业整体找到一种有效的成本计算和控制方法,也要根据不同成本项目的特性采取不同的计算和控制办法。

作业整理法的先进性及实用性主要体现在成本控制领域。对于直接材料、直接人工及变动制造费用,采用标准成本法进行有效控制;而对于固定制造费用和期间费用等项目,则尝试使用作业整理法进行控制。

这一思路使某大型企业集团成功走出了一条低成本发展的道路。西方企业传统的成本管理方法只能部分反映生产与成本之间的直接联系,未能全面覆盖企业的所有成本和费用。尽管在那一时期作业整理法尚不成熟,仍处于摸索阶段,但集团创始人隐约意识到这一方法将成为对原有成本分析与控制方法的有效补充和创新。而辅助决策人员的首要任务是清晰地了解生产单位的成本消耗与其完成的作业之间的直接联系,并通过正式报表分析哪些成本投入是有效的,哪些成本投入是无效的。

根据当时留存的资料分析,作业整理法最初仅用于"整理各项管理作业",然后再根据"二八原则"依次处理手头的繁杂事务,从而使各位主管的管理工作变得有条理、有秩序,并能在单位时间内提升处理问题,尤其是处理重要问题的数量和质量。然而,有趣的是,辅助决策人员沿此思路却找到了解决成本管理问题的突破口,即从原来简单的作业整理拓展到更为科学的作业分析。这一方法不仅用于制造领域,以控制固定制造费用,同时也用于非制造领域,以控制期间费用。

为弄清成本控制背后的基本道理,该集团专注于石化原料的生产和销售,由此产生的各种管理活动实际上是一系列作业过程。这一系列作业过程所产生的代价相加便构成了企业的总成本。由于技术和管理水平低下,在整个产销过程中存在许多"无效作业"或"多余作业"。这些作业所引致的费用即是常说的"浪费"。因此,作业整理法的根本目的不仅仅是降低成本,更重要的是减少浪费。要减少或消除浪费,聪明的办法并不是直接砍掉预算或减少支出,而是追寻各种浪费现象的源头,并据此彻底杜绝一切因人为因素所导致的无效或多余作业。这样,通过有效的作业整理和分析,可以提高企业整体的运作效率,最终实现更有效的成本控制和资源利用。

例如,应当根据每个人的职责仔细分析其各项作业的构成,即每个人具体负责什么样的工作,这些工作包含多少个作业,他所完成的作业是否与其能力相匹配,每一项作业消耗了多少资源,以及这些资源的消耗是否能确保作业的有效完成。如果能够完成,那么是因为他的能力强、效率高,还是因为工作负荷低、工作方法优良;如果不能完成,那么是因为作业负荷过高,还是当事人没有充分努力工作。进一步地,如果是负荷过高,那么应当考虑是将部分作业分配给他人,还是采取其他方法减轻负担或改进工作流程。

在所有这些问题中,有两点内容可能至为关键:第一是某项作业究竟花费了多少资源,以及依据什么标准来判定该笔资源的消耗是否合理;第二是所消耗的资源究竟给企业带来了多少成本,以及依据什么标准来判定该项成本是否合理。对于这些问题,如果主管只能依靠主观判断和经验积累来认定原因,那么显然会引发新的问题。例如,谁能确保主管的主观判断和经验积累被基层单位或员工所接受? 如果基层单位或员工不接受,这岂不是又会影响到企业的整体管理效率?

作业整理法与在西方企业中流行的作业成本法具有相似的工作原理,二者都强调了"产品消耗作业,作业消耗资源并导致成本发生"的观点。事实上,"作业"一词最早由美国学者埃里克·路易斯·科勒(Eric Louis Kohler)教授在 1952 年提出。在他所编写的《会计词典》中,科勒首次详细解释了作业、作业账户和作业会计等概念。另一位美国教授乔治·斯托布斯(George Staubus)于 1971 年在他的著作《作业成本计算和投入产出会计》中,对作业、成本、作业会计和作业投入产出系统等概念进行了全面深入的探讨。

然而,作业成本法作为一套理论和方法被正式发表且广泛应用,则是由美国学者罗宾·库珀(Robin Cooper)与罗伯特·卡普兰(Robert Kaplan)于 1988 年共同完成的。[①] 作业成本法一经提出,迅速在欧洲、美国、日本等各国企业中风靡。许多大企业家将其视为控制非生产成本的重要工具。

就时间而言,作业整理法在某大型企业集团内被实际应用于企业成本控制的过程要比作业成本法早了二十多年。尽管作业整理法在理论体系

---

① 1988 年,罗宾·库珀和罗伯特·卡普兰在《成本管理》和《哈佛商业评论》等杂志上连续发表多篇文章,对作业成本法进行了全面而深入的分析,认为产品成本是制造和运送产品所需全部作业的成本的总和,成本计算的最基本对象是作业,并提出了"作业消耗资源,产品消耗作业"的著名论断。

上不如后来的作业成本法那样系统化,但作为一种成本控制思路和方法,它确实代表了企业管理者在那个时期的管理智慧和创新。为了配合作业整理法的推广,该集团各公司相继引入了成本会计和责任会计,将作业分析和改善活动与责任会计制度紧密结合。随着企业电脑化水平的提升,作业整理法逐步纳入了电脑化管理流程,进一步将成本控制的范围扩展到非生产领域。至此,作业整理法的管理功能逐步显现出来。

作业整理法对该集团的贡献远不止于此。直至 20 世纪 70 年代后半叶,集团的管理系统已初步形成,主要包括六个子系统:营业管理、生产管理、资材管理、工程管理、人事管理和财务管理。这六个子系统在整个管理体系中具有同等重要性,它们既因果相连、相互影响,同时又各自独立,构成一个完整的体系。各管理职能均经过全面规划,纳入电脑化处理,从而实现了全面电脑化管理,各项管理事务之间形成了紧密的整体性关联关系。

这六个子系统后来被统一冠名为"六大管理机能",旨在通过作业整理及其深度分析活动,使六个子系统能够充分发挥出相应的管理功能。以今天的观点来看,虽然六个子系统在名义上被称为"六大管理机能",但实际上却是"六大作业管理系统",其形成过程与企业管理人在早期就极其注重作业分析和改善的精神密不可分。

"作业整理"这一概念因企业管理人个人理解的不同,被进一步细分为作业分析和作业改善两个方面。作为一种务实的方法,作业整理法虽然已经使得企业的各项生产和管理作业变得有条不紊且有组织,但在实践中却存在着差异。例如,有些人可以在 4 小时内完成 8 小时的工作,而有些人却在 12 小时内仍无法完成。通过将企业中不同员工的工作表现进行比较,辅助决策人员可以轻松地发现其中的许多差异。辅助决策人员进行这种比较和分析的目的并不一定是"与后进者过不去",而是专注于探究不同人员工作效率差异的原因。

随后,在经过作业整理后,员工现在可以在 4 个小时内完成他们的工作。然而,随着企业技术的不断进步,我们不禁要问:是否还有可能将完成工作所需的时间进一步缩短至 3 个半小时,或者是否还存在可以进一步消除的一些多余动作? 此外,我们也需要思考,到底什么是标准时间? 人与人之间的差异是如此之大,因此我们既不能简单地以"先进者"的表现作为衡量"后进者"的标准,也不能把"找不到标准"作为为"后进者"辩护的借口。很明显,如果管理活动仍然停留在追求有条理和有秩序的初级阶段,那么而离真正意义上的作业分析和作业改善还有很大的差距。

各公司应该放弃原有的整理活动,转而采用作业分析和作业改善的方法,因为这些分析和改善活动在本质上属于科学管理的范畴。这些活动将产生大量数据和资料,如果能够将这些数据和资料纳入管理系统的报表中,那么这些相关数据就可以通过一次输入而得以多层次地传输和应用。它们能够在每个管理电脑作业中充分发挥相互关联、相互补充、异常检测和催促管理等功能,最终汇总到财务管理系统中,编制各种财务和经营管理报表。这些报表能够及时而准确地反映实际经营状况,有助于各部门审视经营的得失,从而提高经营效率。

"管理合理化"是一个更广泛的概念,以"管理合理化"来统领所有作业分析和作业改善等管理活动,涵盖的范围远比作业分析和作业改善更广。作业是指具体的生产活动和管理工作,而管理合理化则是一个更为综合的理论和操作框架,可被视为引领整个集团管理系统演进的基本理论。

西方学者所谓的合理化,指的是技术合理化、组织合理化和政治经济合理化。具体而言,包括这几个方面:一是强调技术改进和创新,以适应大规模工业生产的需求;二是重视组织再造,以满足企业集团化和跨国化经营的需求;三是关注社会责任,以缓解不断加剧的各种社会矛盾。

在管理思想的形成过程中,"知识"这一条件对于专业管理辅助决策人员具有决定性影响。专业管理辅助决策人员应具备将知识、经验和勤奋相结合的能力。显而易见,"注重在管理实践中注入知识的力量"是企业管理人管理思想的一大亮点,对于专业管理辅助决策团队的思想和队伍建设具有重要的影响。这一做法不仅从根本上改进了辅助决策团队的管理方法,而且从整体上提高了管理效率。例如,企业管理人严格要求专业管理辅助决策人员不要沉湎于作业分析,因为这容易导致"事务性管理盲点",而是要从制度的高度去审视管理合理化,并将其作为规范一切作业分析活动的准则。

其中有一个非常重要的逻辑关系,即任何问题的出现可能都是偶然的,并且偶然的背后存在着深刻的必然性,因为任何管理不善或资源浪费都与制度漏洞密切相关。换言之,生产现场所出现的问题不一定是员工不努力造成的,而很可能是管理不当或制度存在缺陷所致。基础性的作业分析和作业改善固然重要,但更为关键的是如何通过分析和改善活动来进一步实现制度的不断完善和持续优化。

案例　走低成本成长之路:作业整理法与标准成本法的结合

某大型企业集团主要专注于大宗石化原料的连续生产,因此建立一套标准化的作业和管理流程至关重要。由于标准化流程所带来的规模效益显著,对员工的责任感和解决异常的能力提出了更高要求,所以在推动管理大变革的初期,强调以推行责任经营制度为突破口,建立自己的成本管理系统。成本管理体系大致可归纳为如下三个方面,并沿着生产管理流程逐步开始推行。

首先,该集团引入了责任会计(后来也称成本会计或管理会计)。例如在成本会计方面,主要目标之一是合理确定各产品的单位成本,并根据单位成本计算销售成本、期末存货等,以通过明确责任来有效控制各工厂的生产经营活动。其次,该集团将财务会计与管理会计加以区分。例如,在日常工作中,确保内部管理所需数据与对外财务报表所提供的数据区分开来,以使管理层能够利用管理会计数据准确预测未来的成本和收入,并科学评估各种决策可能带来的后果。最后,该集团对成本的性质进行了分析,针对直接材料、直接人工和可变制造费用逐一制定了标准成本,并建立了相应的标准成本管理流程。

在分步法或订单法下,若未建立可与实际成本相比较且各利益相关方都能接受的标准成本,那么集团的管理系统将无法发挥效用,更进一步地,将管理重点放在需要纠正的方面,或有意识地设立成本改善目标也将难以实现。标准成本制度源自美国,其关键在于如何制定标准成本,以及针对哪些成本项目制定标准。对此,集团创始人严格要求各单位必须依据"科学管理"的作业流程进行制定。

作为当地最早推广标准成本法的企业之一,该集团引进了事业部制度和责任中心制度,为进一步普及标准成本法奠定了组织和制度基础。特别是随着目标管理制度、预算管理制度以及个人绩效评估与奖励制度的建立和实施,标准成本法的核心理念开始被各产销单位广泛认可,并逐步在实践中推广开来。由于多项制度的同时推行,其间所面临的阻力和挑战不言而喻。

在各成本中心,集团创始人要求辅助决策人员严格区分可控和不可控成本,以明确各中心的权责。对于各中心可以主动控制的成本项目,要求逐一设定标准成本。当时的各公司主管也是初次接触标准成本法,更不用说基层管理者和一般员工了。这一举措引发的抵触情绪和心理矛盾,完全可以想象出来。同时,信息化的推进也在员工当中引起了不安,许多人担心"电脑即将取代人脑",普遍出现了对使用电脑的抵触心态。这些因素使集团创始人陷入焦虑,管理变革面临前所未有的困难和阻碍。

在集团创始人的坚定支持下,标准成本法的实施最终取得了巨大成功。有三个方面的事实证明了创始人对成本管理系统建设所做出的重要贡献。

第一是直线辅助决策人员体系充分发挥了其管理功能。尽管在这一时期,直线辅助决策人员体系与直线生产体系之间存在着持续的冲突,但在创始人的积极协调下,直线辅助决策人员体系的积极作用逐渐增强,并最终成为推动集团制度建设和实施的主要推手。

第二是创始人把握了标准成本法的核心要义。一方面,他要求辅助决策人员坚决避免使用"预估"或"经验"等方法制定标准成本;另一方面,他严格要求各产销单位同时制定符合标准成本要求的具体方案。企业管理层认为,在制造业中,制定既合理又具有挑战性的标准成本是至关重要的,甚至可以说是推行标准成本法的一个基本原则。这一做法类似于"让员工跳起来摘桃子",如果目标设定得过高,员工尽管努力却难以达到,那么会影响员工的工作积极性;如果目标设定得过低,员工轻松达成目标,那么又会影响企业的经营效率。这需要深思熟虑,各级辅助决策人员绝不能掉以轻心,必须从科学管理的角度出发,切实制定出符合情理的标准成本。

第三是该集团在管理变革之后几年内的快速发展也从另一个角度证实了创始人积极推行标准成本法的正确性。到了 1973 年,经过 10 年的管理变革,该集团各公司产品的成本结构经过连续几年的改善已逐渐变得更加合理,呈现出"最低化"的特征。同时,第一次世界石油危机的爆发也使创始人毅然提出了自建轻油裂解厂的投资计划,尽管最终该计划被当地政府否决。然而,这一举动也反映出创始人仍旧底气十足,他对于巨额投资背后的真正原因,很可能与各公司产品在短时间内实现了较低成本结构的努力密不可分。

对于该集团而言,标准成本法只是其成本管理体系的一部分。另一部分内容可能更加引人注目,因为它真正代表了创始人在成本管理领域的创新水平和成就。在各分子公司为直接材料、直接人工和变动制造费用制定标准成本之后,经过相当长一段时间,随着技术的进步和设备的更新,除变动成本以外的固定成本和管理、销售、财务、研发等间接费用正在迅速增加。

这一部分费用通常被视为成本管理中的一个"超级变量",西方企业普遍认为其增长速度常常超过产量和销售的增长速度。创始人也认为,这部分费用是集团成本管理的"死角"。然而,当时的集团似乎无法有效地按照标准成本法对这部分费用的责任进行追溯。在这种情况下,创始人回忆起几年前旗下公司曾推行过的"作业整理"制度。根据1963年初的企业档案和数据资料,公司最初是从降低客户抱怨率入手进行作业分析的,然后逐步扩展至全部生产过程,甚至包括原材料的采购、供应,以及公司各管理部门和员工的日常工作,比如文件整理、事务处理顺序等,其范围几乎无所不包。

在最初阶段,该公司主要以全面质量管理为出发点,逐步审视整个制造链上每个作业及管理环节对质量问题的影响。令人意外的是,这一举措不仅有效提升了公司的质量管理水平,还进一步使公司从中探索出了一项关键性措施来控制部分"超级费用"——作业分析,即将影响质量问题的单个或一组作业作为分析单位,通过深入剖析影响作业结构和内容的根本原因,试图找出控制该作业质量的标准,将其作为衡量作业量和实施绩效评估的基本依据。

在最初推行质量管理时,公司的目标是"为了质量而质量",但这种做法并没有带来应有的效果,甚至有时为了确保质量而严重影响了生产的效率。创始人意识到,以质量管理为中心的成本分析和改善活动导致公司陷入了一种可怕的经营悖论:如果忽视质量,产品将失去市场;而如果重视质量,不仅生产的效率难以保证,而且质量成本也会居高不下。然而,他认为这种悖论并非经营问题,而是管理不善所致。因此,他一方面命令建立包括质量异常管理系统在内的正式成本管理系统,并要求辅助决策人员逐步将新的成本管理系统应用范围扩展到除纯生产流程之外的其他领域,如采购、检验、技术、培训,甚至包括辅助决策人员的作业费用分析和改善等方面。

在公司解散后,围绕质量管理活动展开的分析和改善实践被完整地保留了下来。创始人敦促辅助决策人员将这些积累的相关经验进行系统化整理,并将其命名为"作业整理法"。他指出,现在通过观察生产现场中一颗螺丝钉的使用情况就能追溯到资材和仓储部门的工作效率;通过观察一名普通操作工的工作状态就能看出整个企业的人事管理水平;通过观察任何一项制造费用的变化就能判断是生产部门效率不高,还是辅助部门向生产部门转嫁了无效率。作业整理法的效果显著,在当时还吸引了多家日本公司派遣人员前来学习。

作业整理法在日后的发展超出了人们的预期。当它扩展到非变动成本领域时,其本质已经与如今在西方流行的"作业成本法"相近。无论是作业整理法还是作业成本法,它们的工作原理都是以作业为核心,首先注重分析某项作业对资源的利用情况,然后进一步区分增值作业和非增值作业;其次建立最佳动态增值标准,并从财务和经营两个方面评估作业的绩效,不断淘汰非增值作业,以达到持续降低成本的经营目标。

从成本控制的角度来看,企业将各个部门划分为生产单位和非生产单位,并采用标准成本法和作业整理法来分别控制它们的成本或费用,这是主要的做法。特别是在间接费用的分析和控制方面,强调将作业整理法和标准成本法的核心理念融合在一起,即根据作业分析确定每项作业的资源消耗标准。

创始人的构想基本上分为三个主要步骤:首先,在生产和服务流程中,对每个职务的作业项目进行详细分解,直至确定各项作业的具体要点;其次,根据作业消耗资源(主要是预算)的情况,设定作业标准;最后,将作业要点导入计算机系统,并根据作业标准实现对作业的控制。

确实,对作业要点进行详细拟定虽然烦琐,但却至关重要。在没有进行作业分析之前,通常很难对某个职务进行全面评估,同时也难以通过计算机系统对评估过程进行有效控制。因此,只有将一个职务细分为若干项具体作业后,辅助决策人员才能够掌握该项作业的关键要点,并使其易于评估和量化。如果能够对每个工作要点进行量化,并设定作业标准,那么就可以对该职务进行评价。相信这样的评价过程会比过去直接对职务进行评价的结果更为合理、准确。如果辅助决策人员能够进一步基于此编写计算机软件,将分析和评价过程纳入计算机管控范畴,例如每月对实际作业与标准作业逐一进行比对,就能够及时发现作业差异,最终实现作业过程的自动化控制,从而达到消除无效作业的目标。

作业整理法是对该集团早期成本管理实践活动的提炼和总结,是辅助决策人员的一种管理方法。虽然它没有后来西方企业普遍采用的作业成本法那样理论化和复杂化,但十分符合石化原料生产与管理的基本规律。通过强调"依据作业分析制定作业标准,通过作业标准实现作业控制"这一管理思想,作业整理法将"标准的制定过程"与"差异的分析和改善过程"紧密结合,并由此形成了一套独具集团特色的成本控制与管理方法。

作业整理法的成功推动关键在于其基础分析功能。它可以协助辅助决策人员在实践中坚持对各项作业进行数字化、标准化和精细化处理。用集团辅助决策人员的话说就是,能够数字化的必须数字化,只有数字化才能实现标准化,只有标准化才能实现精细化。

总管理处财务部门承担着繁重的会计工作,如何对会计作业实施"作业整理"一直是个大难题。该集团采取的方法是,在电脑系统的支持下,辅助决策人员首先将"凭证处理"视为一项会计作业,然后统计出会计人员处理 100 万张凭证的时间范围,例如最快 50 小时,最慢 70 小时。其次通过进一步的比较和分析,确定每处理 100 万张凭证需要的标准工时数为 60 小时,作为衡量财务部门工作绩效的标准。这相当于将会计人员的绩效评估从"计时制"改为"计件制",即以单位时间内完成的"件数"作为会计凭证处理作业费用分析和控制的主要依据。从西方作业成本法的角度来看,这相当于找到了控制会计作业成本变动的根本原因。

　　这里的"计件制"并非简单地使用预先规定的计件单价及完成的件数来计算最终应得的报酬,而是通过作业分析逐步确立会计人员服务过程的客观评价条件。通过设定标准件数,可以准确评价实际的服务件数,并确认每件服务的实际质量是否达到标准要求。这意味着集团通过作业分析活动在企业内建立了相应的统计制度,能够合理计算出会计人员每提供一项服务所消耗的企业资源量。显然,一旦掌握了每项服务的标准消耗,辅助决策人员就能够基本完成对整个会计工作的管理与控制。

　　对于像财务会计这样的共同事务部门,采用"计件制"无疑对于作业标准化,以及通过标准化追求规模效应具有重大意义。2001 年,已年过八旬的创始人仍决定对财务部的人力资源结构实施改善。他派遣了一个由三人组成的专案小组,花费了三个月的时间,统计出财务部现有 55 名员工的年度总工时数为 14 万小时。经过比较和分析,辅助决策人员认为该部门实际只需要 41 名员工,并且总工时数可通过进一步简化流程并压缩至不足 11 万小时。

　　简化的作业流程涵盖了资金调度、外币资金调度、短期存款借款、现金股利发放等多个方面。在这些作业中,仅资金调度一项,不仅用人数从 10人减至 6 人,而且每年调度的资金笔数高达 9 670 笔,总金额超过 2.42 亿元人民币,这一数额已接近当地政府处理当年财政收入的总额(约为 2.89 亿元人民币)。不仅财务会计部门经历了上述改善过程,甚至整个总管理处的每一个部门都经历了类似的情况。据内部不完全统计,2004 年整个总管理处通过类似的作业分析与改善活动,总计为集团节省了约 19 亿元的成本费用,约占集团当年利润总额的 22%。到 2005 年,总管理处节省的成本总额更是超过了 22.28 亿元。

作业整理法对于日后集团管理系统的"六大管理机能"的形成过程有着重要的影响。这些管理机能的最终形成在 1982 年前后,整体上代表了整个集团管理系统及其流程的全部特色和特点。这六大管理机能包括营业管理、生产管理、资材管理、工程管理、人事管理和财务管理六个主要类别。

这些管理机能虽然在表面上按照不同的管理功能进行划分,但实际上它们是由不同的作业标准合并而成的六大操作系统,同时也是由不同的情报管道整合而成的六大电脑管理报表平台。管理系统的建设着重于管理作业的有序性。建立这六大管理机能相当于提供了一个总纲,使得管理系统中的各个环节都能得到明确的指导。换句话说,在日常管理实践中,只要抓住了这些关键作业,就可以有效地推动其他管理环节的正常运作。

在集团中,"机能"一词具有重要的内涵。通常情况下,它指的是管理系统既可以作为一个整体,也可以作为一个相对独立的单元,发挥各自的基本管理功能。然而,在集团内部,"机能"一词可以被分解为"机制"和"能力"这两个基本概念。其中,"机制"指的是六大管理机能中各个子机能之间相互联系和协调;而"能力"则指通过这些子机能之间的相互关联来达到影响管理活动的目的。对创始人而言,如果各个子机能之间缺乏相互联系和协调,就无法形成有效的管理机制,因为缺乏了"互动关系";同样,如果这些子机能之间的联系无法影响到管理活动的执行,就无法形成有效的管理能力,因为各子机能失去了促进"人与人"或"人与机器"之间互动的安排。

在 20 世纪 60 至 70 年代,集团各管理机能的作业划分完全依赖人工进行整理,其复杂度和难度可想而知。但随着多年来不懈的努力,特别是随着电脑化水平的提升,到了 1982 年,六大管理机能已经能够进一步划分为20多项主要作业项目和近百项次级作业项目。这些作业项目以营业管理机能为出发点,以财务管理机能为终点,其间各项作业相互联系,初步构建了一个完整而系统的石化工业企业的管理流程图,如图4-2所示。[①]

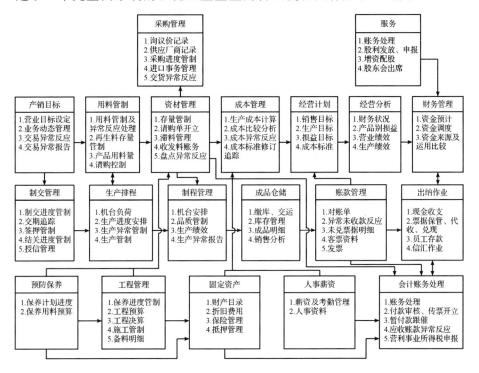

图4-2 六大管理机能的电脑作业关联图(1982年)

后来,上述作业项目在辅助决策人员的进一步合并和集成下,于1989年形成了今天人们所熟知的六大管理机能的基础性运行架构。举例来说,对于营业管理,辅助决策人员将其视为一个重要的作业机能,首先分别合并了1982年版中的经营计划、制交管理、资材管理和账款管理作业项目中的一些次级作业;其次是按照营业管理的作业流程将这些次级作业再整合为营业管理机能;再次是将营业管理机能与生产管理、资材管理、人资管理、工程管理和财务管理五大管理机能联结为一体,形成一个新的完整且

---

① 黄德海.严密组织、分层负责与效益分享[M].北京:清华大学出版社,2014:228.

没有信息孤岛的电脑作业关联图,如图 4-3 所示。[①]

1989 年版的营业管理机能具有更高的整合性,包含了营业目标管理、授信管理、受订管理、交期管理、成品仓储管理、交运管理和应收账款管理七项一级作业。与 1982 年版相比,新建立的六大管理机能及其基础性运行架构更加清晰,层次更加分明。除对原有作业项目进行进一步细化和部分项目的调整外,这一基础性运行架构本身至今未发生明显的调整和变化。

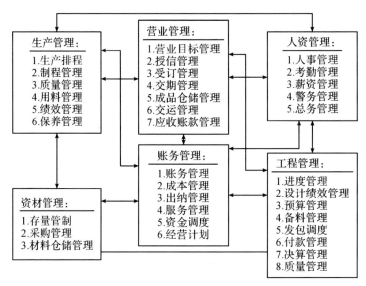

图 4-3 六大管理机能的电脑作业关联图(1989 年)

从历史的角度来看,六大管理机能的形成经历了两个阶段,即"自下而上"和"自上而下"。首先,创始人要求辅助决策人员在车间层面按照生产流程对各项作业进行识别、定义和选择;其次,随着整理范围的扩大和层次的提高,辅助决策人员逐级汇总了各公司甚至各工厂的全部作业项目和内容;再次,按照"相对集中与精简原则",将集团层级的作业项目合并为六大类,即营业、生产、人资、资材、财务和工程;最后,则是将集团层级的作业项

① 黄德海. 严密组织、分层负责与效益分享[M]. 北京:清华大学出版社,2014:229.

目确定为管理系统的主要工作对象,然后由上而下进行正式分解,分配给各产销管理单位执行,成为正式的管理流程。

以财务管理为例,其主要任务包括账务管理、成本管理、出纳管理、服务管理、资金调度和经营计划等内容。每个主要任务还可以根据需要进一步细分为多个次级任务,例如成本管理可以进一步划分为生产成本计算、成本比较分析、成本异常反应、成本标准修订和修订结果追踪等。同样,次级任务可以继续细分下去,直至满足实际管理需求为止。例如,成本比较分析可以包括标准成本与实际成本比较、单位成本比较、固定费用比较、同年度跨厂成本比较、同厂跨年度成本比较、同产品同年度跨厂成本比较和同行业跨厂成本比较等。

从理论上来看,作业的细分程度在很大程度上决定了企业管理的精细化水平。然而,在集团管理实践中,作业可以分解为多少级别,以及细分到什么程度,必须根据生产任务和管理需求来确定。在最初阶段,作业细分无疑是分析和改进工作的重点,但更关键的是,只有经过细分的作业才能编制出适合进行电脑化管理的作业要点和作业手册。换句话说,作业能够细分到何种程度,不仅要看细分作业所带来的成本是否超过了其所产生的收益,还要考虑管理者是否能够借此开发出相应的电脑作业程序。总之,必须在合理和适当的范围内进行作业细分。

作业要点既是工作的重点,也是管控的焦点。从制定管理制度到最终形成电脑化表单,需要完成多个环节的工作,并涉及多个部门之间的紧密合作。从技术层面来看,主要包括四个基本步骤,即实施作业分析、确定作业要点、编写作业手册和确定表单栏位。一旦表单栏位确定,表单就被创建了;有了表单,相关信息就可以被汇总,并最终传递给管理层或相关人员,发挥其应有的管理功能。

"六大管理机能"看似错综复杂,实则可简化为一系列按照不同管理需求和职能排列的管理表单。其中蕴含的管理学意义在于:管理制度能否充分发挥管理机能,主要看管理者能否准确辨识出作业的要点;而管理机能是否能够得到充分发挥,则主要看作业要点是否能编排得系统且完整。换言之,通过将作业与电脑系统相结合,可以对所有作业要点进行有效控制,通过异常管理来提高管理效率。集团管理系统的精细化效果是逐渐积累起来的,企业的各项经营活动逐步走向规范化,各项作业之间通过六大管理机能形成了有机联系,构建了一张严密而高效的"电脑化管理网络"。

第五章

单元成本分析法

第一节 产品成本结构的微妙变化

单元成本分析法,又称为作业成本分析法或 ABC 成本法,是一种先进的成本管理方法。此方法通过深入了解产品或服务的成本驱动因素,帮助企业更准确地进行成本分配和决策。本章节将探讨单元成本分析法的基本概念,并继续以某大型企业集团为案例阐述单元成本分析法在企业运行现实过程中的应用。

单元成本分析法基于一个基本观念,即不同的产品或服务可能具有不同的成本驱动因素。传统的成本计算方法,如对直接成本和间接成本的简单划分,可能无法准确反映这种差异。因此,单元成本分析法强调将成本分配到各个作业或活动中,然后再根据产品或服务消耗的作业或活动数量,将成本分配到各个产品或服务上。

单元成本分析法的实施步骤如下。

(1)识别成本驱动因素:需要识别出产品或服务的所有成本驱动因素,如设备使用、人工、材料等。

(2)划分作业或活动:根据成本驱动因素,将产品或服务的生产过程划分为多个作业或活动。

(3)分配成本到作业或活动中:将总成本分配到各个作业或活动中,这通常需要根据历史数据或专家判断来确定。

(4)分配成本到产品或服务上:根据产品或服务消耗的作业或活动数量,将成本分配到各个产品或服务上。

单元成本分析法在许多企业中得到了广泛应用。例如,一家制造企业可能使用此方法来确定每种产品的生产成本,从而更准确地定价和决策。

一家服务公司可能使用此方法来了解不同服务的成本结构,以优化资源配置和提高盈利能力。

然而,实施单元成本分析法也需要注意一些问题。首先,它需要投入大量的时间和资源来进行成本驱动因素的识别和成本分配。其次,由于成本分配通常基于估计和判断,因此可能存在一定的主观性和误差。最后,由于产品或服务的生产过程可能随着时间和技术的发展而变化,因此需要定期更新和维护成本模型。

总的来说,单元成本分析法是一种先进的成本管理方法,能够帮助企业更准确地了解产品或服务的成本结构,从而做出更好的决策。然而,它也需要投入大量的资源和精力来实施和维护,因此需要谨慎考虑。

第二节　成本合理化:单元成本分析法

在传统意义上,标准成本制度主要关注标准成本的确定、实际成本与标准成本的对比,以及成本差异的揭示和财务处理,但在实际的企业管理实践中,更加注重成本差异的分析和改进。如果忽视了成本差异的分析和改进环节,标准成本制度将失去其意义,因为改进的目的不仅仅是在短期内降低成本,更重要的是通过分析和改进不断优化成本标准。反之,只要成本标准逐渐变得合理,整个成本管理流程和制度也将逐渐变得合理。

在早期发展阶段,所谓的管理合理化的核心是成本标准的合理化。但随着作业整理和作业分析的推行,管理合理化的内涵变得更加丰富,更多地涉及成本管理流程和制度的合理化。成本标准不仅仅指生产成本标准本身,还包括企业的所有成本和费用标准。实际上,成本标准还应该包括作业费用标准(又称作业成本标准)。因此,由于管理合理化的核心内容之一是成本合理化,成本标准的外延和内涵也发生了变化,这导致合理化概念和内涵也相应调整。这一点可被看作是"管理合理化"这一重要概念开始逐渐引起员工关注的主要原因之一。

　　总体而言,企业中的成本合理化包括两个方面,即成本标准合理化和作业费用标准合理化。在经济腾飞初期,许多制造业企业关注的并不是通过成本标准化实现雄心壮志,而是想通过此举确保自身生存。最初,引进先进技术和设备可以实现低成本,但随后情况发生了翻天覆地的变化,企业开始追求低成本以谋求更多利润和更大的竞争优势。在这种情况下,企业更加重视成本分析和改进,不断发现和改善异常情况,这是实现成本管理合理化的唯一可行且有效的选择。

　　经过多年的经验思考和实践,单元成本分析法成为企业辅助决策人员的基本分析工具。从具体应用过程来看,单元成本分析法是一种成本或费用分析与优化的方法。这一方法将西方企业,特别是日本企业的相关管理经验推向了前所未有的高度。此外,从石化工业企业的成本管理理论和实践来看,单元成本分析法在理论和方法层面都具有创新性,是企业增强实力与维持并提升市场竞争优势的主要管理手段。

　　管理会计学领域中的单元成本分析法具有三个层面的含义,依次是单元、单元成本和单元成本分析法。所谓单元,指的是企业在日常管理中出现的各种独立异常事件,比如"A级品率下降""能耗偏高"等。这些异常事件指产销过程中出现的各种不合理或偏差,常以独立事件的形式报告给管理层,因此被称为一个单元。单元成本,则是指独立事件发生给企业带来的损失或费用,在会计上被单独归集到该独立事件下,即该事件给企业造成的资源损失总额。而单元成本分析法则是指围绕单元和单元成本变动展开的一系列管理活动的总称。这些管理活动由专业管理人员主导完成,核心工作是针对独立事件展开一系列分析和改善活动,并努力将这些活动规范化、流程化。

管理会计报表中的成本报表,不仅展示了会计账目和成本数据,更重要的是揭示了导致事件发生的背景因素,即事件与企业成本结构不合理之间的因果关系。显然,解决独立事件可以改善企业的成本结构,这是提高企业盈利能力的关键。过去,企业的成本管理主要以产品别单位成本报表为基准,成本异常往往不直接从报表中获取,导致成本分析和改善工作缺乏计划性和系统性。然而,所有的成本异常都潜藏在报表之后,如果管理层不及时建立专门团队深入分析,及时解决,企业的经营基础将难以稳固。

换言之,产销成本的发生只会被记录在单位成本报表中。管理层通常只能从报表中了解到某项产品的实际产销数量和实际成本,而不知道成本变化的原因,或者导致某项成本异常的具体原因。后来,企业家在实践中找到了解决方法,即从改进单位成本报表入手,将单元和单元成本,以及针对它们进行的后续人工分析和改善工作串联起来,形成了所谓的单元成本分析法的基本内容。

从表面上看,单元成本是由一组细微因素或事件引起的损失、费用或成本。单元成本在企业的绩效报告系统中独立存在,与整个成本结构的变化相关,并且具有层次性。这些成本特性受到石化工业和产品特性的影响。独立性意味着需要建立独立的管理系统来控制成本异常变动,并通过专门设计的成本管理系统监控和管理各项成本。因果关联性指企业应对独立事件的前因后果进行系统追踪和分析,并在专业管理决策者的领导下实施跨部门协同作业。层次性表示单元成本结构具有多个因果层次,一个层次的单元成本变动可能是由更深层次的变动引起的。

因果关联性和层次性尤为重要,辅助决策人员需要在纵向和横向逐层分析作业和剖析因果联系。要完成这项任务,必须组建专业管理层团队,并通过该团队开发出专门系统来处理成本变动,同时团队在履职过程中必须具备坚定的决心和毅力,才能逐一或逐层深入,并最终找到成本变动的根本原因。

　　普遍认为,单位成本报表标志着成本分析和改善工作的终点。尽管单位成本是指生产每单位产品所需的平均成本,从企业的月度产品别单位成本报表中可以反映出企业的成本管理水平,但由于单位成本报表仅停留在"面"的层面上,并且仅仅是一份普通的财务会计报表,因此无法充分发挥管理会计的分析功能。换言之,产品别单位成本报表仅指引着管理者改进成本管理的方向,却未必能揭示成本异常的根本原因,从而使管理者很难进行"点"的分析和改善。单位成本是专业管理层开始追踪单元成本异动的起点。一些企业家敏锐地觉察到,现有的单元成本报表存在一些致命缺陷:它们只提供了"面"的信息,无法明确指示"成本的差异点在哪里"。因此,有企业家主张,当前的单位成本报表必须与单元成本分析相结合,这样才能充分发挥其管理功能。换句话说,单元成本强调的是"点"的分析,即逐项审查差异所在,发现异常并提出改善方案,作为改进的依据。只有专业管理层将"单元成本"和"单位成本"联系起来,整个成本分析工作才能连贯一致,发挥出单元成本分析法应有的效果。

　　该大型企业集团的专业管理层充分利用鱼骨图等工具对各产品的单位成本结构进行了分解,这是实现全面成本管理的第一步。如图 5-1 所示。举例来说,如果制销总成本被视为一个独立事件(如出现显著上升并影响了企业的盈利能力),管理层可以直接从单位成本报表中提取数据并进行深入分析。如果制销总成本中的原料一项出现问题,管理层也可以将其视为一个独立事件,并采用相同的方式进行立项分析。当然,如果生产现场同时出现多个独立事件,管理层就需要首先分析这些事件之间的相关性,并将相关性较强的事件合并,然后选择重要的项目进行立项分析。

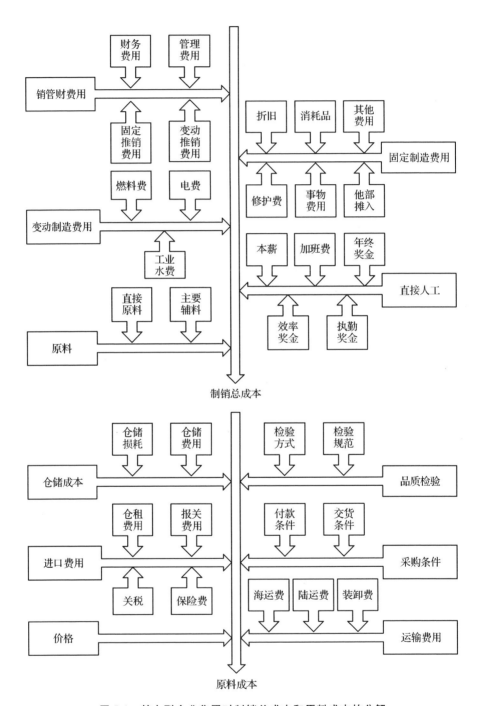

图 5-1　某大型企业集团对制销总成本和原料成本的分解

　　回到单元成本的核心概念和定义,即产品成本结构的微观要素,管理层需要将单位成本细分到何种程度才能找到影响成本结构变动的微观要素呢? 事实上,"微观要素"并非仅指一个数字,而是指导致成本单位变动的深层次背景原因或项目。若将产品的单位成本结构视为整体(如"制销总成本"作为一个较大的单位成本项目),则其中的任何子项目(如"原料成本"等作为较小的单位成本项目)都可按照会计逻辑进行细分。因此,为了与整体区分开来,并基于相关性和层次性进行跟踪分析,管理层采用了"微观要素"这一术语。

　　以 A 级率下降为例。A 级率下降作为整体,可视为一个单元,围绕此单元可识别出异常成本结构。管理层首先将影响 A 级率的因素划分为加工条件、人员操作技能、原料质量、机械设备性能等项目。若发现是由于原料质量不佳导致 A 级率下降,那么就以原料质量不佳为出发点,进一步细分为进料日期、仓储记录或收料检验报告等;若原料检验合格且未超过保存期限,则需检查保存方式、仓储条件等因素,逐层追究下去,直至找出是哪些微观要素引起了原料质量问题,并导致了具体的损失或费用等情况。

　　根据企业管理经验,所谓"独立事件"本身并非根本原因,而是结果。要彻底了解原因,管理层必须进行深入的分析。他们最终确定的由某个"细微因素"导致的损失或成本即为单元成本。当然,由于实际情况各异,且各成本单项之间存在因果关系,因此单元成本不一定是一个单一的细微因素,也可能是一组相关的细微因素集合。所谓因素,即构成事物本质的成分,也是决定事物成败的原因或条件。至于管理层应该追溯到哪个层次才算达到终极目标,短期内只需确保分析工作与企业实际情况相结合,合理分解即可找到合理解决方案;而从长远来看,企业的成本分析工作是一个持续不断的过程。

　　管理层找到的解决方案必须切合实际,与企业当前分析和解决问题的能力、手段和财力相适应。换言之,解决方案既不能过于理想化,也不能过于苛求,同时要相信产品成本结构终将达到最低水平。一个或多个细微因素可以构成一个单元成本;一个或多个单元成本可以组成一个单位成本;一个或多个单位成本可以构成一个产品成本;而一个或多个产品成本可以组合成一个企业成本。

一旦单元成本与单位成本的关系得到澄清,企业管理层便将焦点转向了产品别单位成本比较表,这标志着通过单元成本分析法实现成本分析与改善目标的第二步。将成本分析工作的前两步联系起来,企业的成本管控流程已初步确立,通过将单元成本与单位成本相结合,初步建立了企业的成本管理流程。这一流程的核心内容在于促使会计人员编制单位成本比较表,并将发现的成本差异作为编制该报表的主要目的。可以说,单元成本分析法之所以能在成本分析与改善工作中发挥重要的管理作用,是因为它从编制这一报表的方法开始发挥作用。

管理层通过这一过程发现,基层单位存在着严重的成本问题。例如,解决了原料问题后,能源消耗量却增加了;在能源消耗量降低后,人工费用却上升了;尽管生产成本减少了,但管理费用却增加了。这种相互抵消的情况让管理人员感到非常沮丧。不久之后,他们下令要求管理人员停止原有的孤立作战方式,并努力说服他们在原有的产品别单位成本报表的基础上,额外编制产品别单位成本比较表。

从实施情况来看,产品别单位成本比较表的编制工作始于标准成本制度的引入。单位成本报表已经包含了全部生产成本,这意味着管理层可以系统地分析所有生产成本项目的性质或变动规律,并为制定标准成本打下了会计基础。然而,对于建立成本管理系统来说,编制产品别单位成本比较表至关重要。主要原因在于,过去的单位成本报表是按照实际成本编制的,而现在需要添加比较功能,按照标准成本来计算单位成本,以便管理人员定期对实际成本与标准成本进行比较,并发现成本差异。

事实证明,通过进一步编制单位成本比较表,管理层能够在生产过程结束后快速、全面且系统地发现任何成本项目的异常情况。这一做法表明：只要建立标准，就能实现控制；只要标准系统化，整个控制过程也会得以系统化。

第三节　把单元成本分析法纳入正式管理系统

随着成本管理系统的进一步发展，由管理人员编制的产品别单位成本比较表涵盖了人员、业务、财务和资源等多个方面，不仅能有效揭示成本差异，帮助确定后续改进活动的重点，同时也带来了渐进的管理效益。总的来说，单元成本分析方法和单位成本比较表相辅相成，成为企业管理人员有效进行成本分析和改进工作的重要工具。

此外，随着企业电脑系统的日益成熟，特别是实施 ERP 系统之后，现有成本管理系统的数据采集范围和数据来源得到了显著拓展。

除单位成本比较表之外，管理层当时还编制了一般性的成本数据报表，包括固定人工比较表、产品使用原料表、制造费用统计表、人工分析表、材料领用明细表和财产目录表等。为确保数据的及时性和真实性，企业规定辅助决策人员可以通过管理制度的基础性建设，随时从电脑操作系统中实时获取数据。

辅助决策人员按照目标管理的核心理念绘制了"成本目标管理作业流程图"，并要求各部门严格按照此流程执行。如图 5-2 所示。在这张图中，成本目标管理纵向包括了四个层面的"作业任务"。换句话说，只有完成了这四项任务，一个目标期内的成本目标管理活动才算是完整的。此外，为了明确各级单位在成本目标管理流程中的责任，辅助决策人员也将各公司范围内的四个层面的"作业任务"水平分解给了生产部门、事业部经理室、公司会计处和公司总经理室。

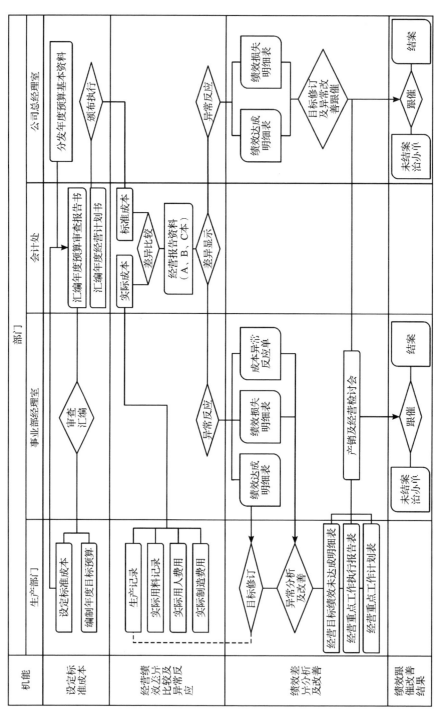

图 5-2 成本目标管理作业流程图

146

在标准成本法和作业整理法全面实施之后,单元成本分析法的成效逐渐显现。如图 5-3 所示。[①] 作为一项成本分析和改善的工具,单元成本分析法已经被纳入了正式的管理系统,并与标准成本法和作业整理法共同构成了该系统的核心内容。

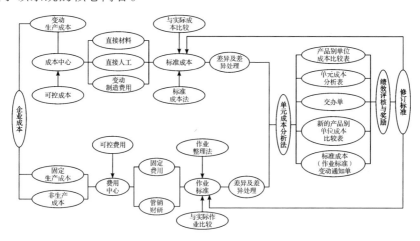

图 5-3　某大型企业集团基于标准成本法和作业整理法的成本管理示意图

最初的对比和差异揭示的范围主要集中于原材料、直接劳动和变动制造成本。然而,重新启用作业整理法后,对比和差异揭示的范围扩展到了企业成本的各个方面。因此,新编制的单位成本比较表每月能够自动显示该中心所有成本项目的差异,并根据统计管制标准逐一用特殊符号标识重大差异。新的报表不仅包括了单位成本报表的所有项目,还增加了固定费用比较等内容。简言之,所有涉及企业产销管理活动的成本或费用项目都可以纳入单位成本比较表进行同步对比分析。

鉴于成本中心的责任是成本控制,消除这些差异也成为各成本中心未来努力改善的具体目标。然而,这仅仅是完成了单元成本分析的第一步。接下来,辅助决策人员需要重点关注偏离管制标准较远或较大的差异,即实际成本(费)过高、过低或连续数月保持不变,这些都属于异常现象。

---

①　黄德海. 严密组织、分层负责与效益分享[M]. 北京：清华大学出版社，2014:355.

这一改革措施的效果显著。该集团过去的分析与改善活动一直是"零敲碎打"，对成本问题采用一点点解决的方式；但现在情况完全不同，辅助决策人员可以通过正式的报表系统正常发现成本(费用)差异，而且这一发现过程与最初的构想一致，具有高度的计划性和系统性。

每一种产品的成本都是由众多不同的人、事、财、物等要素在生产过程中汇聚而成，然后由会计人员进行计算和归集。如果辅助决策人员能够逐一分析这些成本的差异，对涉及成本差异的各个方面，一直追溯到最基本的单元，企业就能够确保整个成本结构的合理性。截至1970年末，以总管理处财务部和采购部为例，辅助决策人员已能够按照作业整理法的基本原则进行分析。如表5-1所示。首先分析这两个部门的工作流程，并将财务部的工作初步划分为资金、出纳和服务等工作项目；其次建立工作基准，并将"资金调度笔数""收付款笔数"和"股东户数"等指标视为控制资金、出纳和服务等工作项目对企业资源消耗情况的基本标准；最后将这些基本标准作为分配固定制造费用或期间费用的主要依据。

表5-1　某大型企业集团总管理处财务部和采购部作业基准

成本部门		作业基准	分配对象
财务部	资金组	资金调度笔数	部门或产品
	出纳组	收付款笔数	
	服务组	股东户数	
	经理组	财务部各机能组分摊	
采购部	机械设备组	委托采购件数与采购金额各占50%	
	电仪设备组		
	化学材料组	委托采购件数	
	一般材料组		
	医疗器材组		
	钢材管件采购组		
	经理室	按以上各组分配基准综合确定	
	催交组		

　　上述指标或基准实质上代表了现代西方企业管理会计学中的作业动因。这些动因是通过作业整理活动得出的,一方面清晰展示了"产品消耗作业"的具体情况,另一方面也明确了"作业消耗资源"的具体原因。[①]这些动因的数量和形式多种多样,而且不同作业领域内的动因也各不相同(主要关注非生产成本变动的根本原因),因此在原理上与美国企业广泛采用的 ABC 法完全一致。

　　辅助决策人员主要根据这些成本动因设定作业基准,用以控制各项作业的资源消耗。与标准成本类似,这些作业基准也被全部纳入单位成本比较表中,并通过与实际作业进行对比,发现作业差异。从理论上来说,如果针对每一项作业都设定一个动因或作业基准,那么辅助决策人员即可迅速估算出每一项作业对于完成生产任务的贡献度,或者更为准确地说是估算出员工完成每一项作业需要消耗企业多少资源。

　　当然,上述做法所带来的益处还不止于此。辅助决策人员通过这种方式设定管制标准,显然是企业提高自身管理效率的重要步骤。因为这些标准不仅是成本或费用的分配基准,更是成本分析、改善、控制以及后续绩效评核的主要依据。值得强调的是,整个成本管制标准的制定是和"人事作业整理工作"同步进行的。这么做的原因是,如果不经过相应的人事作业整理,企业就无法及时对员工在成本分析与改善工作中所做出的贡献给予奖励。在实践中,辅助决策人员对所有涉及成本分析与改善的职位或职务都进行了科学评价,在经过了人事作业整理之后才开始制定管制标准,接着建立了单元成本分析法的正式应用程序及其表单系统,并在控制直接材料、直接人工和变动制造费用的同时,也控制了"固定制造"费用和"管销财研"等期间费用。

　　第一步是从单位成本比较表出发,逐级呈报并认定一个或一组独立事

---

　　①　进一步的资料请参见罗伯特·S.卡普兰,安东尼·A.阿特金森.高级管理会计:第 3 版[M].吕长江,译.大连:东北财经大学出版社,2012.

件(也即重大差异,包括围绕该差异归集出的异常成本结构),然后将其从该报表中"转记"到另一张新设计的"单元成本分析表"中。该表的内容涉及成本的标准值、实际值、认定后的差异值、检讨项目,以及责任人和时间地点等信息。

所谓"转记",即将决定需要进行深入分析和改善的"异常成本项目"(或异常事件)及其财务会计数据转录到新建立的管理会计报表中。这一做法标志着成本控制领域方法的创新,因为成本差异及其数据不仅从一般财务会计系统迁移到了管理会计系统,而且成本的"计量单位"也从单位成本转换为单元成本。如表 5-2 所示。

表 5-2　某大型企业集团早期由单位成本比较表转记而来的单元成本分析表

产品	名称						
	规格				年　　月　　日　　编号:		
	销售别						
成本项目		单位成本	现状		检讨项目		
			目标				
细目	单位	差异			现状检讨		
		单位用量	单价	合计金额			
小计							
交办事项			改善对象		经办部门		
					交办单编号		
					No.		
主管批示		年　　月　　日	填表		年　　月　　日		

在表 5-2 中,由"成本项目"一栏中记录而来的内容明显指代一个"单元",即需要分析和改善的独立事件;而"单位成本"一栏则明显表示因该"成本项目"发生异常所导致的"单元成本",并以"细目"方式逐一列示。如果某项材料的成本出现差异,且与其他材料或成本项目无显著相关性,那么它就可以独立构成一个单元成本;若收率异常,且与材料、人工、计量或机械等相关性显著,那么收率项下可归集一组成本项目,构成另一个成本单元。与单位成本相比,单元成本的项目数量更多,结构更小。

第二步是从"交办单"中记载的"检讨项目"开始进入分析和改善过程。此步骤完全由"转记"的"异常事件"引发,并由一张"交办单"控制,其中包含交办项目、现状说明、重点要求、拟处理方式、处理结果、改善费用、完成期限等信息。如表 5-3 所示。对于重大或较复杂的改善案例,通常还附有专项改善报告。

表 5-3　交办单模板(不含副表)

交办部门:　　　　　　经办部门:　　　　　　年　月　日　编号:

交办项目		拟处理方式			
现状说明		经办主管		经办	
		交办主管批示			年　月　日
重点要求		处理结果			
		实际完成日期	年　月　日	改善费用	
完成期限	年　月　日　经办	经办主管		经办	
交办主管批示	如拟交办。　　　　年　月　日	交办主管批示	已有改善,效果显著,请继续加强。　　　　年　月　日		

第三步是根据改善结果生成单元成本变动表和单元成本改善结果记录表,如表5-4和表5-5所示。这两个表格都是"交办单"的补充,详细记录了单元成本在改善前后的变化情况和成本改善活动取得的全部成果。它们逐一比较了改善前后单元成本的变动情况,除少量文字描述外,大部分改善成果都以具体数据形式呈现,清晰地展示了整个分析和改善活动的投入产出情况,为后续改善活动的绩效评估奠定了基础。

表 5-4　单元成本变动表

产品名称：

项目：　　　　　　　　　　　　　　　　规　格：

单位：　　　　　　　　年　月　日　　　销售别：

项次	项目	单位	现状（改善前）			目标（改善后）			日期	项次	交办单号码	内容	改善结果						递减					
																差异			效率		价格		小计	
			单位用量	单价	单位成本	单位用量	单价	单位成本					单位用量	单价	单位成本	效率	价格	小计	金额	%	金额	%	金额	%
总计																								

确保任何改善目标的实现都必须考虑两个方面的努力:企业的资源投入和员工的付出。企业准确评估专业管理人员和生产一线员工的努力程度,是单元成本分析法长期成功的关键。尽管企业可能投入了新设备和技术等资源来推动改善活动,但如果不能准确评估员工的个人贡献,或者不能合理分配改善活动带来的经济效益,那么下一轮改善工作将会失去动力。

表 5-5　单元成本改善结果记录表

产品	
规格	
售别	

成本		改善事项		日期		改善结果		改善结果比较								
								单位用量			单价			单位成本			
项目	细目	编号	内容	交办	完成	内容	改善费用	改善前	改善后	效率差	改善前	改善后	价差	改善前	改善后	价差	累计增减

记录者	
起讫日期	

因此,特别强调的是,辅助决策人员应根据上述两个表格来更新最初使用的单位成本比较表。更新后的单位成本比较表的管理作用非常重要,因为更新的内容主要是关于"标准的更新",即将"原始目标"与"目标的变化结果"进行对比分析,并显示两组不同数据对产品单位成本的影响程度。更新后的单位成本比较表不仅是企业进行绩效评估的基础,更重要的是,它使企业的管理重心从"事后改善"转向了"事前控制"。对于企业的成本管理工作来说,如何稳健地迈出这一步至关重要。

第四步是编制目标成本变动通知单,内容如表 5-6 所示。这一表格主要记录了每个单元成本变动后的基本数据,并交由生产单位执行。一旦改善活动完成,如果企业的生产条件有所提升,那么之前设定的标准成本也需要进行相应调整。

表 5-6　目标成本变动通知单

产品	名称							
	规格							
	售别			年　　月　　日		发文字号：		

项目				原目标成本			
				变动后目标成本			

细目	单位	原目标			变动后目标			交办单号码
		单位用量	单价	单位成本	单位用量	单价	单位成本	
合计								

主管：　　　　　　　　　　　　　　　　　　　经办：

随着目标成本变动通知单的发布和执行,整个改善工作就完成了一个循环周期,并随着新标准的设定,即将进入下一个更具挑战性的改善阶段。在这个时候,企业各个部门以及管理系统的各个环节都将发生"连锁反应"。例如,会计部门将更新各单位的目标管理数据,资材部门将调整库存控制和物料检验标准,技术部门将修改操作规程或质量标准,生产部门将调整用料标准、保养规范等一系列数据。可以说,单元成本分析法的有效性由此得以展现,它帮助辅助决策人员逐步提升整个企业成本管理的水平。

第五步是将单元成本分析法的应用流程整合起来,也就是将上述各个表单整合到以单元成本分析法为核心的"子系统"中,并制作电脑运行控制图,要求各单位严格执行。

总的来说,单元成本分析法由几个关键步骤组成,不仅它是一个独立的系统,而且整个系统也依赖几张简单的表格来进行控制。被电脑化后的应用和管理流程简单易行,经过多次修订和改进后,非常适合基层管理者按规定办事。如图 5-4 所示。该图不仅在纵向上详细列出了单元成本分析法的电脑操作步骤和方法,同时在横向上也划分了各部门的责任范围和应该完成的各项任务。[①]

此外,单元成本分析法对整个管理系统和成本分析、改善活动的规范化和推动性作用是明显的。为了确保这种方法的顺利实施,管理人员在填写和发布目标成本变动通知单时,应充分考虑如何保护员工的利益,以防止员工产生不满或不公平的感觉。实际情况也证明了这一点,在最初修订标准成本时,许多员工确实存在一些担忧:他们担心标准提高后无法达到要求而影响到奖金,或者担心标准每年都在提高,终有一天会达不到要求,那时该怎么办。

辅助决策人员针对这个问题的解决方法是,在绩效评估中应该根据各成本中心和个人的绩效评估标准进行差异化处理。换句话说,个人的绩效评估项目虽然与成本中心的绩效评估项目相同,但它们的评估标准应该是不同的。改善工作完成后,原本个人绩效的评估标准应随着成本中心的评估标准的提高而提高,但成本中心绩效的提高主要取决于员工的努力,因此个人绩效的评估标准不一定会随之提高。成本中心的设备和工艺可能再进行改进和完善,但其目标的实现仍然需要员工的努力配合才能完成,因此只要员工达到了各自的目标要求,企业就应该给予奖金,否则员工会认为他们的劳动成果被企业"剥夺"了。

如果成本中心因为改善生产条件而提高了标准,那么个人绩效评核标准可能会相应提高,但通常不会提高到与成本中心绩效评核项目相同的水

---

① 黄德海. 严密组织、分层负责与效益分享[M]. 北京:清华大学出版社,2014:
364.

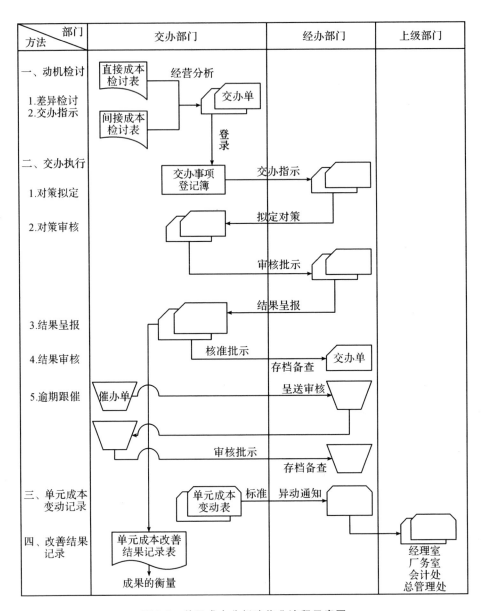

图 5-4 单元成本分析法作业流程示意图

平。这是因为尽管生产条件得到改善,机器本身并不会自动创造价值,仍然需要员工的精心操作和密切配合才能实现产销目标。因此,企业不会等到成本中心的绩效目标达到 100% 时才决定发放相应的奖金。

在目前该集团的成本管理流程中,已经不再使用标准成本法或作业整理法,而是采用了目标成本法。如图 5-5 所示。[①] 这种方法涵盖了企业成本的所有领域:针对变动生产成本设定目标成本,并通过与实际成本进行对比实施控制;针对固定成本和非生产成本设定目标费用,并通过与实际费用进行对比实施控制。另外,从图 5-5 中还可以看出,目标成本法更为简单有效,突出了单元成本分析法在成本改善环节的关键作用,并使其在全企业成本管控流程中一直处于核心位置。

所谓目标成本,是指在企业实现了最低成本结构之后,其制定标准成本和作业基准的方法也应相应改变。此时,可以将过去的经验和数据(例如过去三个月的平均数)作为未来相同产品成本控制的依据,而无需再投入大量资源去制定标准成本和作业基准。尽管该集团的产品仍然以石化原料为主,市场环境与过去相比更加不稳定,竞争也更加激烈,但在生产过程中完全可以依靠过去推动标准成本法和作业整理法所积累的经验,结合辅助决策人员的谨慎判断原则和丰富经验,估算出新的成本标准和作业基准,即目标成本。因此,成本控制流程更加简洁,方法更加有效。

西方管理学界普遍认为,目标成本是目标管理与标准成本制度相结合的产物。这句话的意思是,在成本管理中,企业制订的经营目标中的成本目标首先被分解到各个成本项目中,然后根据各成本项目降低的程度来判断目标实现的程度。计划降低的成本项目通常被视为企业在成本管理上要达到的目标,因此计划降低的项目及其降低数值被称为目标成本。围绕目标成本展开的一系列管理活动被称为目标管理。

在西方企业的管理实践中,目标成本等同于标准成本。只需设定好成本标准,即可视为实施目标管理。在成本控制流程中,有两个核心概念十分显著:一是成本目标,即某个单位在特定目标期内必须达到的成本控制

---

① 黄德海. 严密组织、分层负责与效益分享[M]. 北京:清华大学出版社,2014:366.

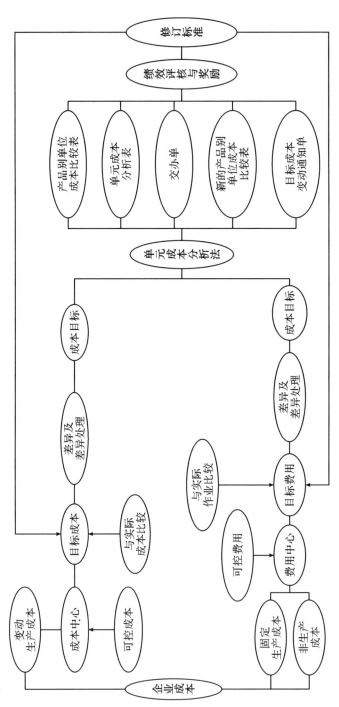

图 5-5　某大型企业集团基于目标成本法的成本管理循环示意图

目标;二是目标成本,即某个单位制订成本控制目标的基本依据。

尽管追求成本标准的合理性和挑战性是一项基本原则,但目前成本管理制度流程中的"目标成本、预算管理和绩效评估"三者仍然形成了一个线性结构,并未形成闭环系统,缺乏成本改善环节。在西方国家,成本改善仍然是一个独立的领域。我们应该推动整个流程形成一个循环系统。

事实上,这背后蕴含着一个基本构想:首先,在制订目标时,各单位应根据自身的生产条件(如设备规格和理论值)、同行业的优秀经营实绩(如日本、美国的大公司的基本数据),以及企业自身过去的最佳表现等因素来计算原料需求量、产量和标准成本等数据;其次,根据多项新目标项目(包括产量、效益、品质和生产成本等),结合产品售价、原料价格变动等因素,编制次年年度预算,并据此实施管理控制;最后,目标执行完毕后,必须与实际情况进行对比,以发现差异,因为若不了解目标执行的差异,就无法进行下一步的绩效评估。

当成本分析与改善流程能够有效支持企业制订更具合理性和挑战性的经营目标时,单元成本分析法才能真正纳入正式程序中。因此,企业要求各单位在发现差异后,不仅应彻底探究每个差异项目的根源,还应提出改善方案,并详细列出负责人、效益分析数据及执行进度,然后据此实施改善措施。最后,改善后的数据应首先用于更新上一个目标期间制定的标准成本,并相应地调整下一个目标期间的新目标数据和资料。

这一点至关重要,因为理论上讲,改善后的成本数据应该更为合理,因此应用于更新标准成本数据库。一旦标准成本发生变化,相应的新目标也应具备所期望的合理性和挑战性。

如何让标准成本制度发挥更大的作用呢? 在引入标准成本制度之前,原始的单位成本明细表通常报告的是生产单位产品实际平均耗费的成本。它反映了企业在一定时期内的生产水平、技术装备和管理水平等情况,通常通过总成本除以总产量来计算。为了编制好单位成本明细表,企业让会计科和电脑科按照部门,遵循由大到小、由粗到细的原则,首先编写每个部门的产品及其编号,其次按照产品编号分类编写每个成本项目的编号,最后根据成本项目的编号汇总出下一步工作所需的产品别单位成本清单。

该清单实际上相当于各部门、各种产品及其成本项目的详细"索引"。如表5-7所示。只要办事人员输入相关指令,计算机即可根据该"索引"自动生成某个部门产品的单位成本数据来源列表。

表 5-7　产品别单位成本清单

资料周期：　　　　　　　　　　　　　　　　　　　年　　月　　日

公司：　　　　　　　　　　归属部门：　　　　　　产品规格：

--------产品编号--------	--------成本项目--------

生产中心　产品编号　订单号码　单位　成本项序　成本项目　成本摘要　数量　金额　调整注记

当然,只要有了单位成本清单,计算机就能按需生成特定产品的单位成本明细表,以便员工及时了解该产品的总成本和各成本单项的变化情况。如表5-8所示。会计人员为了协助员工进行成本分析,揭示成本差异,按要求在单位成本明细表的基础上编制了单位成本比较表。其基本方法是,在报表中添加一些比较科目,即对实际成本与标准成本(或目标成本)进行对比,从而使单位成本报表具备了管理功能,从一张纯粹的财务会计报表"晋升"为一张管理会计报表。

表 5-8　产品别单位成本明细表

部门	归属部门 A
缴库量	
单位	kg

公司：　　　　　　　　　　产品规格：　　　　　　　　印表日期：

成本项序	单位	归属部门 A					归属部门 B				
		单位用量	单价	单位成本	%	实际成本	单位用量	单价	单位成本	%	实际成本

在单位成本比较表中,该部门一开始列出了所有可控成本项目,并将其分为变动成本和固定成本两大类,不仅呈现了单位产出中各成本项目的实际数与标准数,还详细展示了实际总成本与标准总成本的变化情况。然而,仅仅列示实际成本与目标成本还不够,关键在于通过对比揭示出两者之间的差异。

会计人员在产品别单位成本比较表中逐一展示了单位成本差异和总成本差异,如表 5-9 所示。其中,单位成本差异包括效率差(量)、效率差(金额)和价差等,总成本差异则包括效率差、价差和产量差等。如果任何一项效率差发生明显变化,表明技术、设备或管理出现异常;如果任何一项价差发生明显波动,表明原辅料、运费或人工等方面出现异常;如果上述任何一项差异超出了管制基准,会计人员会以异常注记方式标明,供管理人员甄别和判断,为进一步改善管理指明方向。

表 5-9　产品别单位成本比较表

公司:　　　　　　　　部门:　　　　　　　　产品规格:

成本项目	单位	单位成本差异				总成本差异				异常注记
		效率差(量)	效率差(金额)	价差	合计	效率差	价差	产量差	合计	
变动成本										
变动成本合计										
固定成本										
固定成本合计										
其他										
制造费用合计										

同样地,会计人员还可以根据实际需求,额外编制本月与上月,或本期

与上期的单位成本比较表,如表 5-10 所示。这种做法不仅增加了单位成本比较表的多样化应用,同时也为管理人员提供了逐月或逐期从不同角度观察成本变化的可能性。

表 5-10 单位成本比较表

产量	单位	本月	上月	达成率
缴库量				

公司: 部门: 产品规格:

成本项序	单位	本月(或本期)成本					上月(或上期)成本					单位成本差异				总成本差异				异常注记
		单位用量	单价	单位成本	%	总成本	单位用量	单价	单位成本	%	总成本	效率差(量)	效率差(金额)	价差	合计	效率差	价差	产量差	合计	

在实际操作中,尽管上述表单可以单独或合并使用,但它们的管理作用基本相同——清晰显示实际成本与标准成本之间的差异,并针对重大异常采取"注记"等会计处理方式,使相关主管能够直观了解成本异常情况,无需再通过阅读报表、深入基层访谈、调查或听取基层汇报等方式获取信息。随后,在电脑的协助下,这些措施极大地减轻了会计人员和辅助决策人员的工作负担,提高了工作的准确性和有效性。

标准成本制度的核心意义在于实现成本控制,但我们不能为了控制而控制,关键是要推动改善工作。那么,如何才能有效推动改善工作呢?单个案例的改善相对容易,但建立一个完整而正式的子系统来完成却非常具有挑战性。在推动改善工作方面,辅助决策人员不仅需要设计一套流程,采用特定的分析方法,建立专门的部门,还需要各单位之间的密切协作,才能最终实现成本改善目标。

仅有管理流程是不够的,还需要将该流程嵌入企业已有的组织架构,并通过这种方式确保新的改善流程具有一定的推动力,从而在长期内以逐步、稳定、有效的方式运行,奠定企业管理基础。创始人坚决向检讨委员会委员表达了自己的立场:可以将单位成本比较表中所有被标注为异常的项目和数据,按照特定原则"原封不动"地转移到另一张管理会计报表中,并尝试用一个独立的名称来命名整个过程。

如果异常是单独发生的,比如某个工厂仅出现了蒸汽消耗量大幅上升的情况,那么就采取"点处理"的方式,将蒸汽消耗异常视为一个"独立事件",单独处理并实施改善;如果异常是以"群体"方式出现的,比如多家工厂都出现了蒸汽消耗量上升的情况,或者单个工厂中不仅蒸汽消耗量上升,而且还伴随着其他相关问题,那么就通过"子系统"将其分类汇总,并采取"批处理"的方式进行分析和改善工作。

案例　加工丝产量异常及其改善过程

在 21 世纪初期,某大型企业集团持续进行专案改善工作,这些成就的取得主要得益于广泛采用单元成本分析法。在 1998 年至 2006 年期间,各子公司完成了总计 16 427 项改善项目,平均每年达到 1 825 项。以 OA 表单为例,随着单元成本分析法在各个成本管理领域的深入推广,辅助决策人员不仅改进了管理流程,还将大量表单数字化,以取代传统的纸质表单。截至 2008 年 3 月,该集团在国内外投入使用的 OA 表单数量已达 1 909 张,这在提高效率和节约成本方面为企业带来了巨大利益。

单元成本分析法是根据实际管理需求开发出的基本分析方法,主要集中记录、整理并总结单位成本报表中显示的各种异常点或异常点群。每张分析报表都是根据单位成本比较表中出现的异常成本项目或成本项目组命名的,其目的在于帮助管理层准确把握管理重点,并将其注意力有效吸引至企业需要控制和改善的地方。

从单位成本到单元成本只是意味着成本管理工作的一个起点,下一步的分析与改善环节更为关键。创始人要求专案改善小组的成员像剥竹笋一样,逐层深入成本结构,直至找到导致成本异常的某个或某几个真实性高的成本项目。每个单元对企业的总成本及其结构都至关重要,因此单元成本分析法的关键在于全面细致地涵盖每个成本项目。

在今后使用单元成本分析流程时,辅助决策人员务必将一个或一组异常作为一个改善单元。成本分析的核心在于,在计算成本时将许多微小的单元成本组合成一个单位成本,然后将多个单位成本组合成一个完整的产品成本。专案改善小组的基本任务总结为两点:一是发现各方面成本和费用支出的不合理情况;二是思考并寻求合理的成本和费用改善方案。简而言之,就是追溯到最基本的单元成本项目,以确保整个成本结构的合理性。

以加工丝改善作业为例。通过单位成本报表,专案改善小组的成员首先将某工厂上一个目标期内的正常品产量(3 012吨)作为标准,然后与本目标期的正常品产量(2 846吨)相比,发现正常品产量下降了166吨,如表5-11所示。尽管总成本并未发生显著变化,但由于正常品产量下降,加工丝的单位成本每吨增加了430元,并造成了71 380元的损失。辅助决策人员与企业内各方面专家合作,经检讨后认定这一损失属于重大异常,可视为一个"独立事件",并认为其原因十分复杂,是多个原因造成的简单结果,因此将该事件单独呈报上级核准立案并实施改善。

整个分析与改善作业分为三部分:一是将表5-11中的数据转记到单元成本分析表中,并逐一列出产品名称、差异数量、检讨项目、交办事项、改善对象、经办部门、主管批示等内容后呈报核准;二是由助手与生产现场共同组成专案改善小组深入生产一线,发现问题,查找原因,以寻求最佳改善方案;三是根据改善方案完成改善作业,并在改善过程结束后,重新调整产量目标,推动生产过程进入下一个目标循环周期。

表5-11 加工丝产品单位成本比较简表

项目	前期	本期
总成本	2 231.75 万元	2 231.11 万元
正常品产量	3 012 吨	2 846 吨
单位成本	7 410 元/吨	7 840 元/吨

辅助决策人员制作了第一张鱼骨图,主要分析了本期总产量的组成情况,将其划分为正常品和瑕疵品两部分,如图5-6所示。瑕疵品数量达到了138吨,约占本期总产量的5%,由此造成的单元成本为108.19万元。显然,瑕疵品增加是导致本期正常品产量下降的主要原因。如果能够找到

解决瑕疵品问题的方案,分析工作就可以告一段落,但很明显还不够,辅助决策人员需要进一步将瑕疵品作为一个单元,深入检讨其背后更深层次的原因。

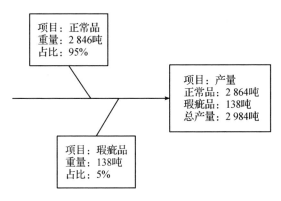

图 5-6　加工丝产量单元成本分析

第二张鱼骨图是辅助决策人员绘制的,主要分析了导致瑕疵品产生的六大类因素,并详细计算了每一类因素的具体重量和占比,如图 5-7 所示。在这些因素中,起毛是主要因素,占比为 46.8％,仅此一项就导致了高达50.72 万元的单元成本。换句话说,解决了起毛问题,瑕疵品将几乎减少一半。

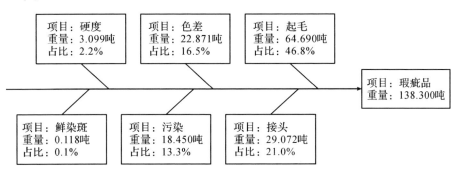

图 5-7　瑕疵品单元成本分析

为了获得这些数据,辅助决策人员采用了多种测算方法,包括现场勘查、工业工程、模拟演算和经验判断等。整个过程不仅复杂而且烦琐,充分展现了专业管理人员在分析和改善方面的能力。然而,即使到了这一步,管理人员仍然无法找到一个较为合理的解决方案,也就是说,他们无法确定导致起毛的根本原因,因此他们必须暂时搁置其他因素,重新集中精力,将起毛因素作为单元,继续深入分析。

引起起毛的要因也有六大类,其中人为因素导致的瑕疵品重量为19.407吨,占比为30%,带来了15.22万元的单元成本。如图5-8所示。与前一层次的分析相似,辅助决策人员仍然无法通过简单的"人为因素"得出结论,因为在整个生产过程中,员工与加工丝接触的地方很多,面积很广,所以他们必须再次搁置其他因素,继续从人为因素开始,深入下一层次。在计算机技术不够发达的年代,许多计算工作都必须手工完成。从这一方面来看,管理人员日常的检讨工作可谓相当辛苦。

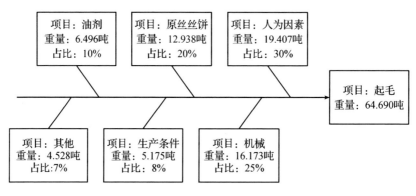

图 5-8　起毛因素单元成本分析

在占比30%的人为因素中,辅助决策人员通过分析发现,手触擦和指甲钩伤这两项相加后的单元成本为6.94万元,占人为因素的45.6%。如图5-9所示。如果解决了"员工的双手与加工丝的接触问题",那么几乎一半的人为因素困难就可以得到有效解决。另外,考虑到起毛要因在瑕疵品中所占的比例(46.8%),手触擦和指甲钩伤这两项要因对整个瑕疵品的影响程度可以被准确估算出来。进一步推导,所有要因的影响程度也可以被逐一估算出来,根据影响程度大小进行排序后,辅助决策人员需要优先解决人为因素,并制定新的改善方案,逐一处理其他因素。

令人意外的是,辅助决策人员提出的解决方案针对手触擦和指甲钩伤非常简单——在操作规范中规定"一律戴手套"。

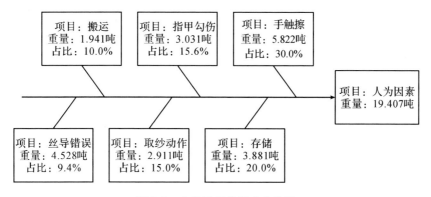

图5-9　人为因素单元成本分析

虽然"戴手套"这一简单解决方案表面看起来似乎不起眼,但重要的是,改善环节结束后,辅助决策人员如何对操作规范进行进一步的修订和优化,由此解决为难管理层的加工丝质量提高问题。分析结果显示,在导致瑕疵品发生的许多要因中,大部分是由于操作不当或动作不符合标准而引起的。因此,辅助决策人员的分析工作还应以"人机配合"为中心,根据每次改善活动的经验逐步优化现场操作方法和相关规范。

第六章

企业管理和财务管理的信息化

第一节　财务管理的信息化

管理信息系统自诞生以来,已经经历了多个发展阶段,推出了诸如物料需求计划(MRP)、企业资源计划(ERP)、供应链管理系统(SCM)、人力资源管理(HRM)、客户关系管理(CRM)等一系列大型而复杂的综合性管理软件。这些管理系统各有特点,能够在各自的专业领域中卓越地解决管理问题。然而,从不同的角度分析,这些系统都包含了一些主要的共同组成部分。

一、从信息电子处理的角度分析

MRP、ERP、CRM等管理信息系统都是人机交互系统,是在人机结合的基础上,利用各种信息技术,并在系统思想的指导下建立起来的服务于管理过程的信息系统。在这些系统中,电子计算机作为系统建立的硬件基础和技术支撑,发挥了重要作用。从信息在管理信息系统中的输入、处理、输出等电子处理角度来看,管理信息系统主要由如下三个部分组成。

(1)输入系统。管理信息系统与企业的生产经营活动密切相关,需要企业将其生产经营的基础数据信息输入管理信息系统中。只有在接收到这些数据信息后,系统才能对其进行加工处理,并生成企业管理所需的信息。因此,每个管理系统都配备了一个人机对话输入系统,用于接收企业生产经营的基础数据。如果没有数据信息的输入,管理信息系统将无法发挥其作用,就如同"巧妇难为无米之炊"。

(2)信息加工处理系统。管理信息系统在接收到企业的基础数据信息后,并不仅仅是对这些数据进行简单的处理,还使用现代数学方法和模拟技术,对数据信息进行转化处理,并按一定的编码或模式输出各种管理信息。这些信息为管理部门和人员提供了相关的资料和报表。随着计算机科学中数据处理技术的快速发展,数据处理变得越来越科学、迅速。此外,模拟技术能够模拟企业在未来或特定情景下的生产经营管理环境,使企业管理人员能够在接近现实的模拟环境中与管理信息系统进行人机对话,并做出相关决策。

(3)输出系统。管理信息系统在处理数据后,通过电子计算机网络将必要的信息及时、可靠地传输给企业的各个管理部门,实现企业信息资源在全企业范围内的共享。数据库技术和计算机网络技术的迅猛发展,为管理信息系统的数据传输和信息资源共享提供了现代化的技术基础。此外,管理信息系统还允许管理人员与系统进行人机对话,通过修改某些数据信息,输出不同情景下的决策辅助信息,帮助管理人员更好地进行决策。因此,现代管理信息系统通常是带有数据库和计算机通信网络的在线系统,将企业各层次的管理信息子系统连接成网络,紧密联结企业的各个部门。

这些管理信息系统不仅提高了数据处理的科学性和效率,还通过模拟技术提供了预测和决策支持,使企业管理更加智能化和精细化。通过这些系统,企业能够更好地应对复杂的管理问题,实现高效的资源配置和战略决策。

二、从信息的内容和作用角度分析

目前的管理信息系统根据其处理信息的内容和作用,可以划分为市场信息系统、财务信息系统、生产管理信息系统、人力资源信息系统、运输信息系统等多个类型。因此,当代企业的管理信息系统通常包括财务管理系统、物流信息管理系统、人力资源管理系统等多种子系统。

(1)财务管理系统。财务管理和财务核算在企业的生产经营管理中占据着至关重要的地位,是企业管理的核心环节。因此,许多企业选择以财务信息化作为引入管理信息系统的突破口。通过应用财务软件,企业能够摆脱人工干预,实现会计数据处理的自动化,增强会计数据处理的真实性、准确性和安全性,从而保证会计信息的可验证性。财务管理系统不仅对企业的经济业务进行有效的管理和监督,还为企业的生产经营提供了坚实的财务基础。

(2)物流信息管理系统。高效的物流系统能够显著提高企业的运营效率,降低运营成本,被誉为企业的"第三利润源泉",也是管理信息系统中最重要的组成部分之一。一般情况下,物流信息管理系统可进一步分为三个较大且相对独立的子系统:生产管理系统、物料管理系统和营销管理系统。虽然这三个子系统相对独立,但它们之间紧密联系、相互影响。物流信息管理系统通过收集、分析和处理生产经营过程中的物流信息,为企业的生产计划、组织管理、财务分析和决策提供有价值的信息。在处理这些信息时,物流信息管理系统应采用科学的数学分析方法,并与财务信息系统等其他信息系统紧密整合。

(3)人力资源管理系统。在知识经济时代,人力资源已成为企业最具生产力和竞争力的重要资源,是企业获得持续盈利能力的重要保障。尽管目前企业在人力资源管理方面的数据量不大且相对简单,主要包括员工的基本信息管理、档案管理、薪酬管理、人力资源培训开发管理、员工健康档案管理、安全保卫信息管理,以及银行、保险和房产管理中的员工个人信息管理等,但这些数据的准确性高且易于获取。由于企业管理部门众多、职能重叠、员工心理复杂,在应用人力资源管理系统时,需要特别注意信息的唯一性、规范性和统一性,确保各部门之间数据的有效集成。

第二节 开源节流：从信息化走向管理合理化

随着知识经济时代的到来，以计算机应用和网络技术为代表的高新技术在生产过程中得到了广泛应用，企业的管理理念和方式也因此发生了根本性的变革。其中一个最显著的标志就是利用计算机综合处理企业的各种管理信息。企业通过建立完善的现代管理信息系统，利用计算机进行数据和文件的组织与处理，完成系统的分析、设计和实施等工作，从而充分开发和利用各种信息资源，实现企业管理过程的现代化。这一转变不仅满足了企业管理现代化的客观需求，也对现代管理会计的发展产生了重大影响。

一、管理信息系统的兴起与发展

管理信息系统（Management Information System，MIS）是基于计算机技术的综合系统，用于全面获取、传递、存储、加工、维护和利用企业的各种经济信息。通过信息的高效处理，管理信息系统辅助管理层进行预测、决策、控制和协调，将各部门的运作进行整合，使所有相关信息需求者能够系统高效地利用信息，从而最大化提高企业内部信息的使用效率。MIS 是一门跨学科的应用技术学科，综合了经济管理理论、运筹学、统计学、控制论、系统工程学和计算机科学等学科的概念、原理和方法而形成的一套新的体系和领域。目前，MIS 仍是一门尚未完全成熟的新兴学科。MIS 的建立简化了企业信息传递的渠道，减少了信息传递的环节，降低了信息加工过程的重复性，并避免了各种信息之间的矛盾。同时，信息使用者可以将使用情况反馈给信息源和管理信息系统,以便进行信息的跟踪服务。企业管理信息系统以企业的经营活动为基础,其设计、运行和评价均取决于企业的经营目标,信息处理也以信息使用效果为目标。在知识经济时代,随着经济发展趋向可持续化、资产投入无形化、经济全球化和经济决策知识化,管理信息系统的发展水平已成为衡量一个国家或地区科学技术水平和管理水平的标志。

"管理信息系统"一词最早由沃尔特·T. 肯尼万(Walter T. Kennevan)于1970 年提出。他认为,MIS 是一种能够以书面或口头形式在合适的时间向经理、员工及外部信息需求者提供关于企业过去和未来内部及外部的环境信息并辅助决策的系统。管理信息系统主要利用电子处理系统替代手工劳动,以系统工程的方法和观点为指导,结合各种现代管理方法、数学模型和数据库技术,进行数据信息处理,为企业提供辅助决策信息,并支持企业采用具有试探、推理、演绎等功能的决策管理方法。

20 世纪 50 年代,计算机开始进入企业管理领域,主要用于替代企业经营管理中的人工计算和操作,模仿手工管理方式中的单一工作和独立的数据处理任务,如工资报表和统计报表,以减少管理人员的重复劳动,提高工作效率。这一阶段被称为电子数据处理(EDP)阶段。MIS 主要处理企业日常事务和单项业务,定期向信息需求者提供信息。其主要成果是形成电子数据处理系统,并发展成能将相关数据整合处理的集成系统,通过计算机控制某一管理子系统并反馈结果,提供简单的决策模型,辅助管理层进行决策。然而,这一阶段的计算机应用只是局部地替代了管理人员的手工劳动,提高了部分管理工作的效率,但未改变管理工作的性质。

进入 20 世纪 60 年代,管理信息系统发展为计算机应用综合系统,为实现企业整体战略目标,对信息进行系统化整合处理,为企业各级管理人员提供有用的业务和管理决策信息。这一阶段主要利用数据库和计算机网络,应用管理原理、数学方法及模型加工模式,采用决策数学模型解决结构化决策问题。计算机从单机单用户过渡到面向终端的计算机网络,实时处理方法得到应用。

20世纪70年代,信息技术的快速发展对管理产生重大影响。管理信息系统发展为决策支持系统,通过人机对话为决策者提供信息,并能提供一个分析问题的模拟决策环境,协助决策者发现和分析问题,提高决策技能和质量。网络技术在管理信息系统中的应用得到普及,MIS趋向多样化和具体化,产生了大量管理系统软件,这些软件在企业实际生产经营管理中发挥极大作用,构成了现代MIS体系。

20世纪90年代以来,信息技术的突飞猛进进一步推动了MIS的发展,改变了社会生活、企业生产经营管理和组织结构,使企业管理更加系统化和科学化。大型企业内开始建立多级计算机网络系统,实现更大范围内的计算机资源和信息资源共享。

管理信息系统发展至今,出现了物料需求计划(MRP)、企业资源计划(ERP)、供应链管理系统(SCM)、人力资源管理(HRM)、客户关系管理(CRM)和智能财务机器人(RPA)等大型、复杂的综合性管理系统软件。各管理系统在各自领域处理管理问题方面表现出色,但从不同角度来看,这些系统均具有一些共同的主要构成部分。[①]

二、现代管理会计与 MRP/ERP 系统

在知识经济时代,互联网和电子商务的迅速崛起使信息技术迅猛发展,全球市场竞争变得更加激烈,尤其在制造业,提升盈利能力和竞争力变得至关重要。制造业需要解决在生产和运输过程中遇到的库存过大、成本高昂、周转缓慢等问题。MRP和ERP等管理软件因其在解决企业生产经营管理

---

① 参见:孙安彬. 浅谈现代企业管理信息系统[J]. 经济师,2002(7):96-97;贺新闻. 论管理信息系统中的关联与继承[J]. 攀枝花大学学报,2000(1):21-24;王全才. 开发管理信息系统加速企业信息化建设进程[J]. 山东冶金,2002(3):19-21.

问题方面的有效性,在全球范围内引发了一场管理思想和管理技术的革命。

ERP 系统将企业的物流、资金流和信息流整合在一起,形成一个一体化的管理信息系统,涵盖四个主要的功能区域。财务管理区域是 ERP 系统中最为关键的部分,通常分为会计核算和财务管理两个板块。

会计核算部分主要负责记录、核算、反映和分析企业经济活动的变化过程及结果,通常包括总账模块、现金管理模块、固定资产管理模块、成本模块和应收应付账款模块。总账模块是整个会计核算的核心,处理记账凭证输入、登记,输出日记账、明细账及总账,并编制会计报表。现金管理模块主要负责对现金及现金等价物的收付进行核算和控制。固定资产管理模块主要负责固定资产的增减变动及折旧计提的核算。成本模块主要核算企业销售产品及劳务的成本,依据产品结构、工序及生产环节计算各种成本。应收应付账款模块则管理企业因正常商品销售与原料购买等经济活动而产生的赊销款项,包括供应商和分销商管理、发票管理、账龄分析等。

财务管理部分以会计核算数据为基础,进行分析、预测、管理和控制活动,主要包括财务预算、财务分析和财务决策等功能模块。财务预算模块通过历史数据分析,规划下一期财务预算。财务分析模块提供检索功能和财务绩效评估。财务决策模块则根据会计核算信息、财务预算和财务分析结果,做出筹资和投资的判定。这部分功能即为管理会计,运用财务会计数据并结合其他相关资料,回顾过去、掌控现在、策划未来。现代 ERP 系统已将现代管理会计(或财务成本管理)功能内置其中。

随着信息技术的进步和互联网技术的发展,智能财务逐渐崭露头角。为了提高财务处理效率、实现规模效应、降低财务运营成本,越来越多的企业建立了财务共享服务中心(Financial Shared Service Center,FSSC),集中处理财务核算和日常业务。这样一来,节省下来的财务人员可以转岗到与管理会计相关的业务财务和战略财务职位。通过这些管理系统,企业不仅能够解决实际经营中的众多问题,还能使管理更加科学化和系统化,进一步提升竞争力和盈利能力。

1. MRP/ERP 的概念

MRP 和 ERP 代表了企业管理信息系统在不同时期的应用成果。MRP 是早期的应用产物,而如今广为人知的 ERP 则是 MRP 的后期发展成果。MRP 的管理模式是美国 IBM 公司的管理专家及其合作伙伴在不断探索装配型生产与库存管理问题的基础上创立的。1960 年,美国生产与库存控制协会(APICS)基于 IBM 公司的研究,成功开发了第一套计算机管理软件——物料需求计划(Material Requirements Planning, MRP)。MRP 根据企业的主生产计划(Master Production Schedule, MPS),即最终产品的生产计划、现有库存状态和物料清单(Bill of Materials, BOM),模拟未来一定时期内的库存状况,并预测未来可能出现的缺货情况。MRP 依据零件的订货前置时间和最佳订货批量,编制所需零部件和原材料的生产与采购计划,以确保主生产计划的顺利实施。MRP 的应用使制造业从按产品生产向按零件生产转变,减少了企业的库存和在产品积压,缩短了制造周期,提高了生产经营效益,成为制造业生产组织上的一场革命,并在发达国家的制造企业中产生了深远影响。MRP 作为信息时代制造业的一种现代企业管理模式,必须依靠计算机和网络通信等信息技术的支持,是一种高度集成、涵盖企业主要生产经营业务的管理信息系统,也是计算机集成制造系统(CIMS)的重要组成部分,并为企业资源计划(ERP)的发展奠定了基础。

随着市场经济的发展和竞争的加剧,企业竞争的空间和范围不断扩大,仅依靠削减成本和缩短生产周期已不足以提升企业的盈利能力和竞争力。企业需要对市场信息进行跟踪和监控,了解客户需求、合作伙伴情况及竞争对手动向,从而逐步发展出有效利用和管理企业整体资源的管理思想。在这一背景下,基于 MRP 的企业资源计划(Enterprise Resource Planning,ERP)应运而生。ERP 的概念由美国著名 IT 咨询公司 Gartner Group 于 1990 年提出,它不仅包含 MRP 的物料管理、生产管理和财务管理功能,还增加了质量管理、运输管理、分销管理、售后服务、人力资源管理、项目管理、实验室管理和配方管理等功能。ERP 支持多品种小批量生产、混合制造、大批量流水生产和适时制生产(Just-In-Time,JIT)管理模式,还涵盖按库存生产(Make-to-Stock,MTS)、按订单装配(Assemble-to-Order,ATO)、按订单制造(Make-to-Order,MTO)和按订单设计(Engineer-to-Order,ETO)等制造环境。1996 年,APICS 召开了学术研讨会,讨论 ERP 的内涵,并指出:ERP 是 MRP 的增强形式,强调以财务为中心,实现从"以产品为中心"向"以客户为中心"的过渡,强调集团和跨国公司的控制功能,对全球范围内的子公司、供应商、分销商和客户进行集成管理,这也是供应链管理思想的初步体现。企业资源计划将企业内部增值链上的各个功能部门的运作过程系统化与优化,整合成一个整体,使企业运作得以有机结合,充分实现部门间的协调与合作,减少摩擦。通过对企业所有资源的整体规划与调度,实现资源的优化组合与分配,并将企业的经营理念、发展战略与各个部门的运作整合,使企业获得强大的竞争优势。

2. MRP/ERP 的发展过程

在 20 世纪 60 年代中期,MRP 进入了基本应用阶段。在这个时期,库存订货计划作为核心,首次在企业中得到了应用。通过计算机的计算能力及系统对产品构成、客户订单、库存产品和物料的管理能力,MRP 能够根据客户订单和产品结构清单准确计划物料需求的时间和数量,从而优化库存管理。然而,MRP 并未考虑企业现有的生产能力和采购等约束条件,容易导致原料与工时不足的问题,缺乏根据实施情况反馈信息并进行计划调整的功能。

到了20世纪70年代,MRP系统克服了早期应用阶段的缺陷,发展成为闭环MRP系统。闭环MRP系统不仅包括原有的物料需求计划,还将生产能力需求计划、车间作业计划和采购作业计划纳入其中。闭环MRP的基本原理是:企业需要一个切实可行的主生产计划,不仅要反映市场需求和合同订单,还必须满足企业生产能力。因此,企业在制定物料的生产和采购计划后,还要编制能力需求计划(Capacity Requirement Planning, CRP),对企业的生产能力进行测算,找出机器和人工各方面生产能力的余缺,进行协调平衡,确保能力和资源都能满足需求后再执行计划。

在闭环MRP系统中,资源需求计划(也称粗能力计划)主要面向主生产计划,对企业关键的工作中心能力进行平衡,而对全部工作中心能力的平衡则称为能力需求计划或详细能力计划,主要针对车间。资源需求计划和能力需求计划是相辅相成的,前者是后者的计算基础。能力需求计划主要通过对工作中心可用工时的核算,根据工艺路线和工作日历编制能力需求报表。闭环MRP系统的核心目标是满足客户和市场的需求,在编制计划时,总是不优先考虑能力约束而优先保证计划需求,然后进行能力计划。经过多次反复运算和调整核实后,才进入下一个阶段。当各工作中心的能力基本协调平衡后,通过现场作业控制中的车间订单下达、作业排序、投入产出控制和作业信息反馈等功能,集中组织具体的生产活动,使各种资源既能合理利用又能按期完成订单任务,并将生产活动的状况及时反馈到系统中,以便根据实际情况进行调整和控制。闭环MRP系统的这些改进使生产活动的各个子系统得到了统一,成为一个完整的生产控制系统,因此成为20世纪70年代美国企业管理的热门话题。然而,闭环MRP系统仅涉及企业的物流管理,未能将资金流纳入其中,无法对企业整体的生产经营运作进行全面管理。

进入20世纪80年代,人们对闭环MRP系统进行了改进,将企业视为一个有机整体,从整体最优的角度出发,通过运用科学方法对企业的各种制造资源,以及生产、供应、销售和财务等环节进行有效的计划、组织和控制,将生产、财务、销售、工程技术和采购等各个子系统整合成一个一体化的大系统。这种改进后的系统被称为制造资源计划(Manufacturing Resource Planning,MRP),为了与原来的物料需求计划(MRP)区分,称为MRP Ⅱ。

相对于 MRP,MRP Ⅱ管理模式主要有如下特点。

(1)管理的系统性。MRP Ⅱ采用系统工程的原理,将企业所有与生产经营直接相关的部门工作整合起来,使各部门能从整体系统的角度开展工作。通过各部门工作业绩的优化,追求公司整体的最优效果,发挥系统"整体大于局部之和"的优势,确保企业整体经营战略目标与 MRP Ⅱ的一致性和整合性,使计划层次从宏观到微观、从战略到技术、由粗到细逐层优化。根据反馈信息及时调整,始终与企业保持一致,保证计划的一贯性、有效性和可行性。

(2)数据共享、实时更新性。MRP Ⅱ系统具有成本会计核算和财务功能,生产活动直接产生财务数据,并将物流与财务结合起来,使实物形态的物料流动直接转化为价值形态的资金流动,确保生产和财务数据的一致性。企业各部门可以基于相同的数据进行管理,任何数据的变动都能及时反馈给所有部门,实现数据的实时共享与更新。财务部门可以及时获取资金信息以控制成本,通过资金流动反映物料和经营情况,支持企业在统一数据库下分析经济效益,指导和控制生产经营活动。

(3)动态应变、模拟预见性。MRP Ⅱ系统是一个闭环系统,不仅能够及时掌握各种动态信息,保持较短的生产周期而且能够跟踪、控制和反馈企业不断变化的实际情况,使管理人员能随时根据内外环境条件的变化迅速反应,及时调整决策,保证生产的正常进行,具有较强的应变能力。此外,MRP Ⅱ具有模拟功能,可以回答"如果发生某种情况,将会如何"的问题,预见在相当长的计划期内可能发生的问题,使管理人员提前采取措施消除隐患,进行实质性分析研究,提供多个可行方案供管理人员决策分析。

(4)管理模式的演进与企业资源整合。进入 20 世纪 90 年代,随着市场竞争的加剧,企业竞争的空间与范围进一步扩大。日本丰田公司推出的适时制(JIT)生产方式对 MRP II 产生了巨大影响。MRP II 与 JIT 和全面质量管理(TQM)相结合,使其管理思想从面向企业内部资源的全面计划管理逐步发展为面向有效利用和管理企业内外整体资源的管理思想,产生了企业资源计划(ERP)。

在资源管理方面,MRP II 主要侧重企业内部人、财、物等资源的管理,而 ERP 在此基础上扩展了管理范围,将企业上游供应商和下游分销商的资源与内部资源整合,形成完整的供应链,并对供应链各环节进行有效管理。在 MRP II 中,财务系统只是信息的归集者,将供、产、销中的物流信息转变为货币信息,而 ERP 系统将财务计划和价值控制功能集成到整个供应链中,新增了支持物料在供应链各流通环节之间的运输管理和仓储管理功能。

在事务处理控制方面,MRP II 通过计划的定期滚动来管理整个生产过程,其实时性较低,通常只能实现事中控制。而 ERP 系统则支持在线分析处理和售后服务质量反馈,强调企业的事前控制能力。通过集成,ERP系统能够并行进行设计、制造、销售、运输等各类作业,为企业提供对质量、适应性变化、客户满意度和绩效等关键问题的实时分析能力。跨国公司的兴起和发展,使得企业内部各部门之间和企业与外部之间的协调变得更加重要。ERP 系统应用完善的组织架构,能够满足跨国经营的多国家地区、多工厂、多语言和多货币的应用需求。

(5)企业资源计划数字化转变。随着互联网的蓬勃发展和网络经济时代的兴起,传统的 ERP 模式面临着电子商务的严峻挑战,迫切需要建立新型的管理模式。其发展趋势是与互联网和电子商务技术相结合,形成适应电子商务时代的企业资源计划系统(e-ERP)。相对于传统 ERP,e-ERP 利用互联网实现高效的市场运作,使得企业的供应链、制造和采购系统更加通畅,确保企业能够在最短的时间内向客户提供高质量的产品和服务。同时,e-ERP 使企业的业务流程更加自动化,能够自动地连接上游供应商和下游分销商,从而降低企业的运营成本并提高运作效率。通过获取和分析客户、供应商、分销商和员工的相关信息,并通过共享商业智能系统,e-ERP 有助于企业做出更为精准的生产经营决策。此外,e-ERP 还进一步丰富了 ERP 和供应链管理(SCM)的功能,引入了客户关系管理(CRM)、商业智能(BI)和电子商务(EB/EC)等功能。

在计算机信息处理技术方面的进步使得 e-ERP 系统采用了客户/服务器(C/S)体系结构和分布式数据处理技术,支持 Internet/Intranet/Extranet、电子商务和电子数据交换(EDI)等网络通信技术。同时,e-ERP 能够实现在不同平台上的相互操作,对整个供应链信息进行集成管理,使得信息在整个 e-ERP 系统中的流动更加安全和快捷。

3. MRP/ERP 的管理思想

ERP 的核心管理思想是供应链管理,它扩展了 MRP 的范围,并使企业能够适应知识经济时代和激烈的市场竞争环境。现代企业间的竞争已经从单一企业与单一企业间的竞争上升为一个企业的供应链与另一个企业的供应链之间的竞争。因此,企业需要将生产经营过程中的各方纳入一个紧密的供应链,通过相互合作,在市场上获得竞争优势,实现多方共赢。以供应链管理为核心的 ERP 系统,将企业内部的生产经营资源与外部的供应商和分销商整合在一起,形成了一个完整的供应链,从而提高了物流与信息流的运转效率和有效性,降低了成本,带来了显著的经济利益。

此外,ERP 系统支持多种生产方式的管理,如精益生产、同步工程和敏捷制造。它协助企业将客户、销售代理商、供应商、分销商等相关企业纳入生产体系,建立起利益共享的长期合作伙伴关系,实现了生产体系的优化和协调。

三、现代管理会计与 CRM 系统

(一) 客户关系管理的基本理论

随着市场竞争的激烈化,现代企业已经认识到单纯依靠产品本身获取和维持竞争优势的局限性。相反,企业越来越意识到,长期、忠诚的客户关系对企业的重要性。因此,企业的关注重点已经从如何提高内部效率转向了如何赢得外部客户、为客户提供个性化服务并创造价值。这样做的目的是获得客户的长期忠诚,从而形成独特的竞争优势,最终实现利润最大化。因此,客户关系管理成了近年来欧美企业界热议的话题。

1. 客户关系管理的概念

随着知识经济的兴起和经济全球化的发展,市场竞争日益激烈。企业发现了以客户为中心的经营模式的重要性。客户关系管理作为一种新型管理机制,旨在改善企业与客户之间的关系。它通过深入分析客户资料,为客户提供快速、周到的服务,不断加强与客户的沟通与合作,以了解客户需求并对产品和服务进行改进,从而提高客户满意度,最大化客户价值。这一模式使企业能够留住老客户,吸引更多新客户,从而实现市场份额的增长。

客户关系管理体现了如下两个重要的管理趋势转变。

第一,企业正在经历从以产品为中心向以客户为中心的转变。随着现代生产管理和技术的不断进步,产品之间的区别逐渐变小,同质化的趋势日益显现。因此,企业发现依靠产品差异来获取持久的竞争优势和盈利能力已经变得困难。相反,企业开始将注意力转向建立和维护长期良好的客户关系。通过建立客户档案、积极沟通与合作,企业获取了大量针对性强、具体而有价值的市场信息,包括产品特性和性能等。通过充分利用客户资源,并将销售渠道、需求变动和潜在用户等纳入经营决策的重要因素,企业实现了与客户之间的长期关系,建立了独特的竞争优势。这种以客户为中心的管理理念不仅通过提供个性化服务来赢得市场,而且由于双方长期合作所积累的相互了解和信任,使得交易更容易达成,节约了谈判时间,降低了交易成本,从而实现了双赢。

第二,企业管理的焦点已从内部效率提高转向了维护现有客户和开发新客户、开拓销售渠道和区域,以提高销售额并拓展盈利空间。随着高新技术的广泛应用,企业内部可以节约的成本越来越少,而可开发的空间也越来越有限。这使企业不得不将目光投向外部,将客户视为宝贵的资源,并将客户关系纳入企业发展的战略中。企业致力于提高客户满意度和客户忠诚度,以此建立可持续的竞争优势。因此,客户关系已经成为企业发展的核心要素。

2.客户关系管理的发展与现状

客户关系管理起源于 20 世纪 80 年代初期的美国,最初被称为"接触管理",专注于收集整理客户与公司之间的沟通信息。20 世纪 90 年代初,这一概念逐渐演变为更加综合的客户服务模式,包括电话服务中心和支持性数据分析。经过 20 年的不断发展,客户关系管理得以不断演变、壮大,并最终形成了完整的管理理论框架。

客户关系管理的兴起与经济时代的转变密切相关。在农业经济时代,商品经济相对不发达,商品供应稀缺,交换活动有限,现代企业概念尚未形成。随着蒸汽机的发明,人类社会逐渐进入工业经济时代。在长达两个世纪的工业经济时代中,整个社会的生产能力不足,商品供应匮乏。随着工业经济的发展,生产模式由手工作坊向大规模生产转变,分工带来了经济效益,同时通过质量管理系统确保产品质量,从而获得市场竞争优势。然而,这一时期仍然是卖方市场,即生产商决定市场上的产品种类,消费者选择有限。企业管理的核心是成本控制和利润最大化。

随着工业经济时代生产力的不断提高,社会逐渐解决了生产能力不足和商品供应匮乏的问题,商品供应大幅增加,甚至出现供应过剩的情况。现代生产管理和技术的进步使得产品同质化趋势加剧,消费者的选择空间和权利明显增加,个性化需求开始凸显。只有能够满足客户需求的产品才能在市场上获得销售,竞争也变得更加激烈。这时,市场已经由卖方市场转向买方市场,企业管理也由以产品为中心转向以客户为中心。企业必须快速响应并满足客户多变的需求,持续创新才能在竞争激烈的市场中生存和发展。企业管理的核心指标也从成本和利润转变为客户满意度。

目前,许多跨国公司已经采用客户关系管理系统来优化内部管理流程,为企业发展奠定基础。客户关系管理系统作为一种新兴的信息管理工具,已经深入社会各个领域,形成了一个庞大的产业。在发达国家,客户关系管理已经引起了新一轮管理方式的热潮,成为全球最炙手可热的市场之一。

3. 客户关系管理的管理思想

客户关系管理的核心理念在于最大化客户与公司的互利,通过挖掘客户的长期价值实现双方的利益最大化。这意味着通过理解客户的需求和价值观,提高客户的满意度、忠诚度、价值度和利润贡献度,同时开拓新的市场和渠道,增加销售额,简化销售过程,降低销售成本,从而提高企业的终极经济效益。

客户关系管理认为,客户是企业最重要的资源之一,应全面管理企业与客户之间的各种关系。过去,企业资源主要是指有形资产,如土地、设备、厂房、原材料和资金。然而,随着社会的发展,特别是从工业经济时代过渡到知识经济时代,信息和人力资源已成为企业的核心资产,尤其是那些善于利用信息的人才。从卖方市场向买方市场的转变使得企业的营销核心也从"产品"转向了"客户",客户的选择对企业至关重要。客户关系管理通过集中客户信息并整合管理,建立完整的客户档案或数据库,并对客户资料进行深入分析。根据销售理论中的 80/20 原则,为不同重要性的客户提供不同的服务,包括销售和售后服务,可以显著提高企业的营销绩效。

此外,客户关系管理借助互联网技术突破了供应链上的地理和组织边界,使得企业可以更好地响应客户的个性化需求。通过清除营销体系中的中间环节,实现了新的扁平化营销体系,缩短了营销响应时间,降低了销售成本,有效解决了企业供应链管理中的问题。[①]

(二)CRM 系统的基本内容与应用

1.CRM 系统的基本内容

CRM 系统的基本要素包括营销自动化、销售过程自动化和客户服务自动化。这三个关键模块对于企业的高效营销至关重要,也是 CRM 系统成功的关键因素。

(1)营销自动化。营销自动化是 CRM 系统的一个重要组成部分。它能够自动更新企业的营销数据库,实时生成营销数据的统计分析结果,及时响应客户活动,抓住商机,同时增强企业的营销管理活动的自动化程度。此外,CRM 系统能够协调多种营销渠道,如电话销售、电视营销、直邮、传真、电子邮件等,避免渠道间的冲突,确保客户数据和支持资料有效地传达到各个销售渠道,为客户提供个性化的产品或服务,并支持各个销售渠道的拓展和增长。同时,CRM 系统能够及时反馈销售渠道和客户交流的相关信息,保持客户数据库的更新,并针对各个营销渠道进行评估和改进。

(2)销售过程自动化。销售过程自动化是 CRM 系统功能最强大的模块之一。这个模块主要应用于在线交易处理(OLTP),采用 N 层结构,通过查询功能来增进对客户的了解,并收集客户的相关信息,进行多种数据

---

① 卢传敏,舒志军. CRM 与企业电子商务战略[N]. 国际商报,2001－03－09;黎光辉. CRM 营销理念悄然出现[N]. 中国企业报,2000－07－10;范锋. 客户关系管理(CRM):企业竞争力热点[J]. 互联网周刊,2000(24):37.

处理。它主要集中于目标客户的产生和跟踪、订单管理、订单完成、合同管理、销售预测、盈亏分析及销售管理等营销和客户服务功能的集成化管理。此模块主要适用于中等规模的用户网络地区,因为需要分布式服务和更强的同步/复制需求。

(3)客户服务自动化。客户服务自动化是 CRM 系统的另一个重要组成部分。它专注于向客户提供产品的售后服务,并根据客户数据库提供与其潜在购买力和需求相关的售前服务。售后服务通常由企业总部的呼叫中心、客户服务代表和外部客户服务人员完成,其中最关键的功能是产品的技术支持服务。售前服务则由 CRM 系统根据客户数据库中的信息自动定期提供。例如,根据客户在网站上购买的商品类别和注册信息,系统可以预测客户未来可能需要的商品,并通过电子邮件等方式向客户推荐相关商品,为客户提供周到的售后服务和售前服务。

2. CRM 系统的应用

一个典型的例子是美国联邦快递公司。该公司认识到,单个流动客户每月为企业带来的收入仅为1 000美元。然而,若从长远考虑,一个客户的生命周期达到 5 年,那么其为企业带来的收入将达到60 000美元。因此,联邦快递强调建立并维持与客户的长期稳定关系的重要性。该公司通过留住客户、提升客户等级,积极塑造长期战略伙伴关系,体现了其对客户关系管理的重视。

另一个典型案例是全球最大的网络设备供应商思科。该公司在其客户服务中心全面实施了 CRM 系统。这一举措使思科能够通过互联网开展客户服务业务,及时回应并妥善处理客户的电话、电子邮件等各种访问方式,为客户提供便捷高效的售后服务和技术支持。[①]

---

① 杜丽萍. 双赢的策略:客户关系管理[J]. 中国中小企业,2001 (8):38—39.

四、现代管理会计与客户关系管理的关系

现代管理会计与客户关系管理之间存在着密切的关联,是现代管理理念与会计学相互交融的产物。现代管理已经从以产品为中心的模式转向以顾客为核心,这一转变对管理会计产生了深远的影响。例如,作业成本会计与作业管理作为现代管理会计的重要组成部分,基于实现顾客价值的理念,对企业产品或服务过程进行作业分析,将作业划分为能够增加客户价值和不能增加客户价值两类。另外,现代管理会计中另一个重要创新——平衡计分卡,在客户方面也有着重要的应用方向。客户关系管理的核心在于通过实现客户价值最大化来实现企业价值最大化,通过持续改进和优化整个企业运作过程来改善客户关系,从而实现企业价值的增值和最大化。客户关系管理系统融合了计算机技术和现代管理会计的理念与方法,将现代管理会计信息系统与客户关系管理信息系统进行整合,赋予了后者更强的综合性和整合性,使其具备了长期生存的能力。因为,一个企业的客户不仅是其现代管理信息系统的起点,也是终点。

第三节　信息化、管理会计与企业内控机制建设

信息化与管理会计的结合推动了某大型企业集团建立内部控制体系。在该集团的实践中,其内部控制制度与美国企业普遍实行的内部控制基本相似,即包括财务内部控制和事务内部控制两个方面。财务内部控制旨在全面管理和控制企业的财务会计工作,以满足企业长期规划和短期目标的需要,并与其他管理制度相互补充和协调。事务内部控制涵盖范围广泛,

包括营业、资材、生产、工程、人事、成本设定和预算等方面的管理控制,旨在提高管理效率。

以资金管理为例,企业追求资金安全性,并希望在需要时能够及时获取资金且获得较低利息。然而,仅仅确保资金安全是不够的,资金使用效率也至关重要。因此,企业建立内部控制机制的前提条件不应只是防止欺诈和腐败,而应建立在管理理念或方法改进的基础上。

在资金管理方面,企业需要关注现金、票据、有价证券和存货等易变现资产的风险。为了避免这些风险,企业在设计内部控制机制时应侧重于提高管理效率。例如,可以要求资金调度部门每天制作一张比较市场利率数据的绩效报表,以此监督资金调度工作。通过增加一张报表,管理者能够有效地控制资金调度部门的运作情况。内部控制机制的关键在于提高管理效率、降低运营风险,并实现企业的总体目标。

内部控制机制的重点应放在财务内部控制和事务内部控制上。在化工行业,健全内部控制的关键在于建立各项管理制度和稽核制度。制度是管理的基础,也是员工办事的依据。制度越详细,企业就越能够达到预期的管理效果。此外,在制定制度时,应确保其具备自动检测异常的功能,以便在一个部门出现问题时,其他部门能够及时做出准确反应,即建立事后稽核机制。

谈到稽核,我们还需要从管理会计的基本功能谈起。某大型企业集团的管理会计工作已经经历了 20 多年的发展,现已具备了各种会计账务和凭证的事前审查、会计事务的事后核查、一般性账务处理或簿记工作、财税作业的策划和执行,以及经营数据和资料的分析等方面的功能。如图 6-1所示。在这些功能中,事前审查、事后核查和经营分析的重要性尤为突出。如何有效地开展管理会计工作,关键在于内部控制制度如何充分发挥这三项管理功能。

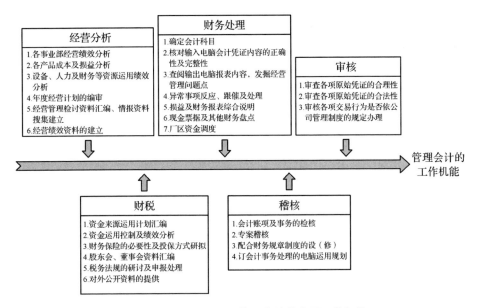

图6-1　某大型企业集团管理会计的主要工作机能

在谈论事前审核时,要注意企业的所有财务收支活动都与各种单据和凭证相关联,这些单据和凭证的合理性直接影响公司财务报表的准确性。为了确保财务收支的合理性和公司资源的有效利用,管理会计人员必须重视事前审核这个首要环节。为此,会计部门针对那些可以使用固定计算方式和支付标准的项目,如成品销售、进口成本、外销费用和运费支付等,建立了审核基准,并将其纳入电脑管理,并由电脑自动进行核对。这样做不仅可以避免增加人工操作,还可以避免人工操作可能导致的疏漏和损失。

会计审核作业的标准化是提高事前审核效率的关键。为确保审核标准的建立与集团内部管理需要相契合,内部各分、子公司根据不同的分工建立了严格的"内部规定",包括管理表单的使用、各项作业程序、核决权限及收付金额作业标准等。这表明审核标准的确立需要与分工需要密切结合,即如何确定不同的审核权限、内容和类别,以清晰界定各级管理会计人员的责任范围,如表单的正确使用、表内各栏目的填写是否翔实、各项业务是否按公司规定程序进行、各项业务或款项支付核决权限是否依规定操作、各种款项收付是否与原核定金额一致、应检附的收料单和验收报告等单据是否完整等。

逐步确定上述审核内容后,各公司会计单位根据审核作业的需求,如作业别和作业量等,分别指定专职审核辅助决策人员负责各项原始凭证的审核。各公司不仅制定了自己的审核办事细则,而且最重要的是根据审核标准制定了标准化的审核作业执行程序,对所有发生的会计交易事项的原始凭证,未经审核者均不得登账。审核办事细则的内容不仅完整系统,而且详尽无遗,对于推动审核作业的标准化起到了至关重要的作用。

审核人员在接收各种原始凭证后,应立即与相关资料进行核对,对其合理性和必要性等进行审核,并签署确认,然后再交由财务处理人员输入电脑编制传票入账。对于要件不全或不符合公司规定或可能损害公司权益的原始凭证,审核人员应填写"会计意见单",详细说明异常情况,并填写待处理日期、加盖审核章和退回章,然后将其退还给经办部门签收,并说明原因或提出对策。在核签传票时,会计主管务必对传票内容进行再次审核。经由原经办部门送回附有"会计意见单"的凭证后,审核人员应了解经办部门填写的"说明及对策"是否符合公司规定或相关法令的要求。

当然,仅仅依靠事前审核是不够的,一个完善的内控机制还应包括事后的财务稽核。所谓稽核,是指对前述会计作业进行再次检查和核对,旨在确保会计作业达到企业内控机制的要求,并适用于企业的管理制度和政府法令。管理思想一直秉持着严格的伦理学原则:企业经营不佳并非员工不努力,而是老板管理不善所致。集团内部的稽核工作也是如此,主要考察企业的管理制度建设和执行是否符合实际管理需求。

鉴于管理工作的复杂性,一个企业的管理制度和规范无论在一开始制定得多么完整和系统,仍需要通过事后的稽核来检查各项作业的执行情况的合理性。例如,该集团在许多年前便依据"分层负责"的战略思路确定了各级经营管理人员的"核决权限"。各部门主管是否按照这一规定执行,需要依靠稽核工作进行纠正,评估制度的适用性,以确保各项管理制度能够适应作业现状,并提高管理效能。

到了 20 世纪 80 年代,该集团的内部财务稽核体系已经完全成熟。从横向来看,主要有两种不同形式的稽核,即"电脑稽核"和"营运稽核",并根据业务和职责的不同,分别负责不同的稽核任务。而从纵向来看,主要由"三级稽核部门"组成:首先是在总管理处总经理室设立的专门稽核辅助决策单位,每年按计划对各公司财务作业进行不定期检查,帮助各基层单位发现经营管理领域中的问题;其次是各公司总经理室可以随时派员对所属部门的相关作业进行查核;再次是各公司会计处的处务室设置了专职稽核专员,根据工作计划要求和会计处长的指示,对各会计课、成本课等单位的账务处理结果进行查核。

就性质而言,总管理处总经理室属于独立的稽核辅助决策部门,其立场客观中立,作业过程一般不受各公司的影响,如图 6-2 所示。各公司会计处不仅是本公司的会计作业中心,也是各公司的经营管理数据中心。想要了解该公司各部门的运营情况,必须以这些会计数据为基础。换句话说,各公司会计处不仅是审核部门,同时也是被审核部门。公司内所有财务收支、经营管理活动的账务数据,都需要经过会计部门的审核后记录、汇总和分析。这种设计思路能够帮助会计人员在业务处理过程中准确发现问题,及时分析问题的原因,并向有关部门和主管提出处理和改进建议。

与事前审核相似,该集团的事后稽核也设立了完备而详细的管理制度和作业规范,如图 6-3 和表 6-1 所示。[①] 这些作业规范包括了稽核的范围、项目、目的、程序、重点、表单,以及与稽核相关的政策规章或法律法规等。这些规定都向稽核人员传达了一条重要信息:根据规定核对哪些表单,以

---

① 黄德海. 严密组织、分层负责与效益分享[M]. 北京:清华大学出版社,2014:414.

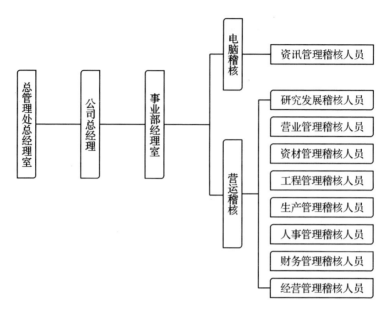

图 6-2 某大型企业集团的内部稽核组织示意图

及表单上的各项数据或作业方法是否符合重点稽核内容中列出的"标准"。遵循建立的稽核规范,即使是新任的稽核人员,也不需要完全依赖资深稽核人员的指导,就可以直接进行稽核工作。

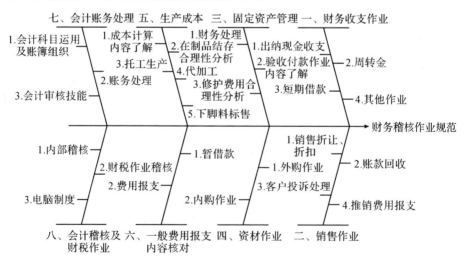

图 6-3 财务稽核作业规范

表 6-1　稽核人员办事 1 则：以出纳现金收支作业检核为例

作业项目 及目的	作业 周期	作业细目及作业方法（程序）	依据规章或法令及 使用表单情形
财务收支 作业检核： 确认现金、 有价证券 收支登记、 结存、保管 作业的合 理性	不定期	现金、有价证券盘点 1.作业程序 (1)出纳出示全部现金，由会计进行盘点，检核人员进行点钞 (2)核对薪资清册和未领金额 (3)核对当天收支项目和金额 (4)了解支票开立情况 (5)核对银行送金簿的内容 (6)了解暂借旅费的情况 (7)核对邮票和印花税票的领用登记簿 (8)核对有价证券的保管条 2.检核重点 (1)确认现金结存数是否一致 (2)评估未领薪资的保管方式是否合理 (3)确认已付款但尚未入账的单据是否经过会计审核 (4)检查是否存在预开支票等待厂商领款的情况 (5)确认存入银行的票据来源是否合理 (6)评估暂借旅费的额度是否合理，是否有逾期未报销的情况 (7)核对邮票和印花税票的结存数额是否一致，领用用途是否合理 (8)检查提供抵押的有价证券是否逾期未收回 (9)确认有价证券结存余额与明细账是否一致 (10)检查有价证券本息是否如期领款并缴入公司	1.检核依据及现金收支规则 2.数据来源 (1)现金、银行存款收支结存日报表 (2)支票簿存根 (3)银行送金簿存根 (4)薪资清册 (5)暂借旅费单（出差申请单） (6)邮票、印花税票领用登记簿 (7)有价证券保管条 (8)明细账 (9)传票 3.使用表单 (1)现金盘点表 (2)有价证券盘点明细表

案例　迈向知识化管理阶段："管理 e 化"与"一日结算"

随着 20 世纪 80 年代信息化程度的不断提升,财务会计人员的角色和职能发生了根本性的改变,特别突出了管理会计人员的经营分析功能。这些辅助决策人员可以根据一般会计记录进行分析整理,及时向各级经营者提供有效的财务报告和经营分析数据,成为他们制定经营决策和推动管理制度改善的依据。某大型企业集团基于此建立了一整套财务和经营分析方法,核心在于成本管控和经营绩效分析,其原则是以异常管理为核心,通过追求更理想的成本基础来实现企业产销绩效的最大化。

在那个时期,财务会计部门经过多年的努力,依托电脑成功地编制了多种管理会计报表和分析报告等日常经营管理数据,将战略意图贯彻到了每一项具体的作业中。当时可编制的经营管理数据主要包括财务状况报告(A本系列)、分厂损益与成本报告(B本系列)、分厂利益及绩效差异报告(C本系列)和异常反应报告(D本系列)四个版本,如图6-4所示。这四个版本的经营管理数据不仅涵盖了该集团财务会计作业的全部内容,还突出了其"基于比较的异常管理功能",即突显了"异常管理特色"。

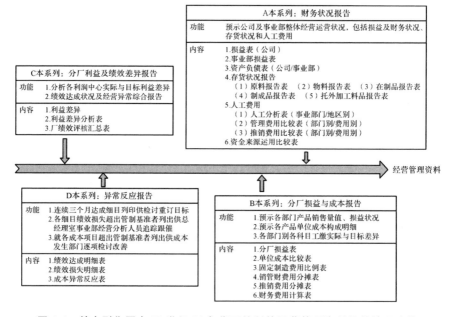

图6-4 某大型集团在20世纪80年代可编制的经营管理资料及其管理功能

财务状况报告(A本系列)主要展示各公司和事业部的整体经营情况,包括资产负债状况、经营损益、存货情况、人力资源使用情况、销售管理费用等内容。呈送对象为公司总经理和事业部经理级别及以上的人员。

分厂损益与成本报告(B 本系列)主要利用分厂损益表、单位成本比较表、固定制造费用比较表等报表,展示各利润中心、各单位的盈亏状况,帮助经营者及时了解当期的经营绩效,并制定进一步的应对措施。呈送对象为厂长级及以上的经营管理人员。

分厂利益及绩效差异报告(C 本系列)在 B 本报告揭示的差异基础上,进一步利用利益差异汇总表、利益差异分析表和分厂绩效评核汇总表进行比较和分析。

异常反应报告(D 本系列),通过绩效达成明细表、绩效损失明细表、成本异常反应表三个报表及时显示全企业务各单位的产销绩效。例如,如果是由于价格或外部不可抗力导致的绩效下降,应在比较分析时予以排除;如果是由于内部原因,应详细列示所有异常项目,并据此进行反思和改善。

在整个 20 世纪 80 年代,该集团的创始人不仅积极推动电脑的普及和应用,而且行动步伐也显著加快。创始人主要采用了将各项管理作业有序引入电脑系统的策略,以推动管理水平的提升。1980 年 10 月,创始人要求总管理处的电脑组负责人员提供过去一年内公司各类工程中涉及的所有供货商的基本信息,包括采购案例、数量和金额等。这些数据需要从存储的 60 万笔收料单中提取。接到通知后,电脑组的员工利用了 5 天的时间编写了相关程序和统计表格,仅用两个小时就整理出了创始人所需的全部数据。在过去,要获取这样基础性的数据几乎是不可能的,员工们只能凭借记忆和经验对数百家供货商的交易情况进行大致推断和评估。

之后,创始人又通知电脑组负责人员,希望了解公司上个月的经营状况。他了解到,在没有使用电脑之前,公司会计部门需要等到下个月 25 日才能完成当月的结算数据和报表。即使在 1980 年,由于引入了电脑作业,会计结算时间已经提前了 15 天,但创始人仍然希望进一步提前。他拿出一张经过亲自修改的报表收发文登记表,对电脑组负责人员表示希望进一步提前几天完成结算。在工作人员的努力下,公司每月的会计结算时间再次提前了 2 天,即在每月 8 日完成。

工作人员的努力和改进过程非常简单。原先的电脑组负责人员手持收发文登记表,发现公司与集团内外多家单位之间的文件往来频繁,负责登记的经办人员经常处理不过来,导致登记速度缓慢,或者出现登记错误需要重新填写的情况。有时候,收到的文件太多,主管无法及时追踪,只能让经办人员自行处理。通过统计,电脑组负责人惊讶地发现,即使是总部下发的文件或通知,通常也要在办事员手中滞留半天到一天的时间,更不用说公司外部的文件了。问题在于收发文登记表的设计不合理,相关单位也没有有效的延迟控制机制——收发文管理基本上只是形式上的,没有实际意义。因此,他得出结论:应该完全废除手工填写和人工传递的程序,全部改由电脑完成。

在那个时期,类似的信息化改进工作几乎每天都在进行。随着营业、生产、人事、财务、资材和工程六大管理职能的建立,各项信息化工作也越来越细致、深入。集团的辅助决策人员总结出了企业信息化工作逐步呈现出的特点:现场用户可以先将基础资料录入电脑,然后通过层层传输,在各个管理职能之间自由获取数据并相互连接,每笔数据之间都设置了检查点,并通过电脑逻辑进行判断,自动核对数据并检查错误,一旦发现异常,即提示相关人员跟踪原因并进行处理,最终形成了供各种经营分析报告编制的电脑信息和数据。

特别是"就源一次输入,多次传输使用"这一举措,是该集团长期推动信息化作业的经验总结。所谓"就源",指的是在数据发生时将其输入电脑记录,即通过电脑记录账务的发生责任;"一次输入"意味着数据只有一个来源,一旦输入,任何人都无权随意更改;而"多次传输使用"表示数据可以在同一系统中传输并在全企业共享。比如,在月底结算时,会计人员可以直接从人事部门提取人事数据,而人事部门也可以从生产单位直接提取绩效考评数据,而不需要像过去一样从基层单位填写并逐级上报。

这项举措的目的是明确各个使用者的责任,并从源头上确保数据的准确性和及时性。此外,数据共享程度也是一个企业信息化水平的体现:信息共享程度越高,信息化水平就越高。数据共享不仅避免了来自不同途径提供或获取数据可能带来的混乱,消除了企业内可能存在的"信息孤岛",同时也使更多人能更充分地利用已有的数据资源,以减少数据收集或采集等重复劳动及相应费用,极大地简化了全企业的事务管理工作流程。

1989 年,集团创始人下令将各公司的 ERP 系统再次整合为全企业的 ERP 系统,从而为进一步推行 CRM(客户关系管理)、SCM(供应链管理,包括电子数据交换)、OA(办公自动化)、卫星发包、KM(知识管理)等操作系统,乃至于 2000 年实现全集团"一日结算"和以六大管理机能为核心的海外 Web-based ERP 系统,搭建了一个更高级的信息化运行与管理平台。

到了 20 世纪 90 年代,"管理 e 化"已经包含了上述信息化过程和内容。到 2000 年,"管理 e 化"正式成为一个固定的概念,被用于引领全企业的信息化进程。所谓"管理 e 化",也称为"e 化管理",在当今市场经济社会是一个热门的术语。"管理 e 化"是指企业如何利用现代电脑技术、网络和通信技术手段实现管理系统的全面电子化和网络化。有些企业将这一过程称为"管理信息化",并因此自称为"e 化企业"。然而,回顾该集团的信息化历程,尽管"管理 e 化"是一个新概念,但其"全面电子化"的本质绝不仅仅是在"管理"二字前面加上一个字母 e 这么简单。

该集团的"管理 e 化"涵盖三个主要方面,即企业资源规划(ERP)、电子商务(E-Commerce)和系统整合(SI),如图 6-5 所示。在这三个方面中,ERP 的发展历史最为悠久,功能也最为全面,是集团实现"管理 e 化"的核心基础;而后两者则是在过去二十年内发展起来的。在实际管理中,后两者并不是独立存在的,它们需要依赖完善的 ERP 系统才能获得完整、准确和及时的信息和数据,以供商务决策参考。换言之,后两者必须与 ERP 系统充分整合,才能有效发挥"管理 e 化"的整体效能,以满足企业日益增强的核心管理需求。

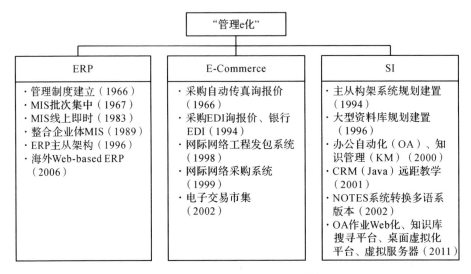

图 6-5　某大型企业集团"管理 e 化"的历程

该集团在过去几十年间不断缩短了会计结算的时间周期。具体而言,从 1980 年的 10 个工作日缩短至 1990 年的 7 个工作日,再到 2000 年 1 月进一步缩短至 3 个工作日,个别公司甚至可以在 2 个工作日内完成。集团创始人对会计结算时间的重视不言而喻。他认为,会计结算的时间周期是企业管理体系是否规范、是否运作良好的重要标志。鉴于该集团已经是一个管理体系健全的集团公司,将会计结算时间从每月 10 个工作日缩短至 3 个或 2 个工作日,意味着它应该有能力进一步缩短至 1 个工作日。可以合理推测,借助几十年来推动信息化的经验和基础,该集团有望在几个小时内完成上个月的财务会计结算,这似乎是水到渠成之事。

集团创始人坚定地告诉总经理室的负责人,只要能够消除相关的障碍,就能够成功实现"一日结算"。为了达成这个目标,总经理室于 2000 年 2 月 15 日组建了一个跨部门的专案小组,旨在于 4 月 30 日之前完成全集团的会计"一日结算"。这个专案小组得到了各个部门包括会计、生产、人事、营业和资材等的积极支持和紧密配合。他们克服了各种各样的困难和问题,其中包括多项管理制度的优化和改进,以及一些电脑软硬件的设计和更新项目。在不到 3 个月的时间里,专案小组成员成功于 4 月 30 日深夜设定了数据截止时间,并于 5 月 1 日早晨上班前将一系列相关的财务会计报表放在了创始人的办公桌上。4 家公司都达到了创始人设定的结算目标,分别在 5 月 1 日凌晨 3:30、6:00、5:00 和 4:30 完成了各自的会计结算任务。

集团创始人认为,"一日结算"的成功实现,关键在于它真正满足了集团的核心管理需求。所谓"核心管理需求",是指集团管理系统的薄弱环节,对整个企业的生产和运作效率影响最大。1998 年底,该集团自建的第六轻油裂解厂正式投产运营。这个厂区实际上是一个炼化一体化的大型石化工业园区,占地面积约 32 平方千米,包括 54 座工厂。与以往不同的是,第六轻油裂解厂采用的生产方式更加智能化和自动化。这种生产方式要求该集团的管理系统必须跟随转型升级,并适应各项产销活动的智能化和自动化,全面实现"管理 e 化"。

集团管理层清楚地认识到全企业的管理瓶颈所在。如果集团不能进一步在原有 ERP 的基础上推动"管理 e 化",那么仅仅依靠现有的人力和管理系统无法解决因大型项目而带来的"由信息过多所造成的沉重管理负担"。例如,随着第六轻油裂解厂的顺利投产,公司间的关联交易额大幅增加。一些问题如果得不到及时解决,各公司管理人员将难以了解本公司的真实盈亏情况,因为其账目可能"挂"在其他公司的名下。由"挂账"引发的公司治理问题还会招致股东或投资者的质疑和责难。

在 21 世纪初,该集团继续秉承着 20 世纪 60 年代推动企业管理变革时的基本理念,即企业如果只注重生产和销售,而忽视信息化管理的跟进,将导致组织结构庞大、冗员增多,从而影响效率。因此,该集团坚持推动"管理 e 化"的两个核心原则,即"融入"和"整合"。"融入"是指将电子、信息和网络技术全面应用于企业的各项工作,从每个细微的作业到最小的单元,设立管制标准和目标,实现数据的透明化,快速掌握经营绩效,并及时发现任何异常情况。而"整合"则是指将企业管理中的信息化体系和结构以工程化方式集成为一套知识系统,使各个部门间的数据相互关联,实现各项营运数据的无缝衔接,确保企业拥有完善的内控机制,协助各部门顺利推动作业自动化。

特别是在知识管理系统的建设方面,集团管理系统呈现出明显的演变趋势。制造业企业的知识特性来源于辅助决策人员通过挖掘、整理海量信息并进行相关性分析所形成的商务信息。所有经营者都应深刻理解这一"知识特性",并将其成功应用于知识员工的各项工作活动中。只有依托这一特性,集团才能够在更短的时间、更少的资源下,生产出数量更多、质量更高、对人类社会更有益的石化产品。

第七章

战略绩效管理

第一节　战略绩效管理概述

一、绩效与绩效管理概述

(一)绩效的定义与特征

1.绩效的定义

绩效是指在一定的资源、条件和环境下,组织、团队或个人完成任务的优异程度,是对目标达成程度和效率的评估与反馈。从管理学角度来看,绩效是组织期望的成果,是组织在不同层面上为实现企业目标的有效产出。

绩效涵盖了组织、部门/团队及个人的表现,通过提高员工和部门绩效来达成组织的战略目标(组织绩效)。绩效可以从成果和行为两个方面来进行理解,包括应该完成什么任务,以及如何完成,通过行为者的行动将工作任务转化为实际成果,从而实现组织、部门/团队和个人的绩效目标。

2.绩效的特征

(1)多因素性。绩效的多因素性指绩效受到来自多个方面的主客观因素的影响,包括员工的天赋、智力水平、教育背景、工作积极性、工作环境和个人成长机会等因素。

(2)多维性。绩效是具有多个维度的,绩效指标需要从多个方面进行分解,以便从不同的角度对员工的绩效进行管理和评价。

(3)动态性。绩效随着内外部环境的变化而不断发生变化,管理者应以发展的眼光来理解和评估绩效。

(二)绩效管理的定义与特征

1.绩效管理的定义

绩效管理是指企业与其所属单位(部门)和员工之间就如何达成绩效目标并形成共识的管理过程,旨在帮助和激励员工取得卓越的绩效,从而实现企业目标。其核心在于绩效评价和激励管理。

绩效评价是指企业利用系统化的工具和方法,对特定时期内企业的运营效率和成果进行综合评估的管理活动。绩效评价是企业实施激励管理的重要依据,有助于激励员工提高绩效水平。

激励管理是指企业运用系统化的工具和方法,激发员工的积极性、主动性和创造性,调动员工的工作动力的管理活动。它是提升企业绩效的重要手段。

绩效管理主要的工具和方法包括关键绩效指标法、经济增加值法、平衡计分卡、360度绩效评价、股权激励等。企业可以根据自身的战略规划、业务特点和管理需求,选择适合的绩效管理工具和方法,单独使用或者综合运用多种方法。

2.绩效管理的特征

绩效管理具有如下特征。

(1)战略导向性。绩效管理应当以企业实现战略目标为导向,以提升价值创造能力为目标。

(2)客观公正性。评价过程应当客观、公正,确保激励实施的公平和合理性。

(3)规范统一性。绩效管理的政策和制度应当统一明确,在执行过程中应严格按照规定的程序和流程。

(4)科学有效性。绩效管理应确保目标符合实际,方法科学有效,激励和约束并重,操作简单易行。

二、国外企业绩效评价的历史沿革

企业绩效评价是在现代公司制度确立之后提出的,旨在加强资本所有权控制和公司内部控制。19世纪上半叶,随着机器工业的兴起,股份公司开始出现并逐渐发展壮大。随着企业规模的扩大和经营范围的增加,资本所有者不得不雇用专业管理人员来进行企业经营。同时,随着资本市场的发展,公司股东的数量不断增加,股东需要委托经理人代表他们管理企业。为了确保经理人不侵犯所有者的权益,股东需要一种方法来对经理人的表现进行评估和监督,因此绩效评价应运而生。

绩效评价的历史主要可以分为三个阶段:企业绩效评价形成时期、企业绩效评价完善时期和企业绩效评价创新发展时期。

1. 企业绩效评价形成时期(19世纪中期到20世纪初期)

在19世纪中期到20世纪初期的企业绩效评价形成时期,国外的企业绩效评价起初主要由企业内部所有者和经营者进行,旨在提高利润并评估下属人员的工作表现。当时的企业规模较小、业务范围有限,评价的内容主要集中在资产、负债和利润等方面,以资产负债表和利润表为依据。随着19世纪末泰勒提出科学管理理论,人们开始注重评价生产效率,强调通过控制成本和提高生产效率来实现利润最大化。

这一时期的特点是侧重评估企业内部的生产效率,以降低生产成本、加强成本控制和提高生产效率为目标;成本绩效评价是主要方法,评价指标体系具有统计性质,如"每公里成本""每磅成本"等。

2. 企业绩效评价完善时期(20世纪初期到20世纪80年代)

随着现代公司制度的逐步完善和企业组织形式的快速发展,20世纪以来,市场竞争愈发激烈。在这一时期,随着所有权和经营权的分离,股东成了公司的外部评价主体。同时,企业规模的扩张使得对资金的需求增加,债权人也逐渐成了评价的重要主体,从而使绩效评价的范围拓展到了企业的外部。

在这个背景下,绩效评价的内容从仅限于成本评价扩大到了会计报表所提供的偿债能力和利润等财务指标,以满足债权人和投资人对企业财务和经营状况的需求。因此,这一时期的绩效评价主要以财务绩效指标为主,包括销售利润率、每股收益率(EPS)、现金流量和内部报酬率(IRR)等。在当时,经营利润和现金流量成为公司绩效评价的主要依据。

3.企业绩效评价创新发展时期(20世纪80年代以后)

从20世纪80年代后半期开始,随着全球经济一体化加速和竞争程度的增加,企业的评价对象不再局限于投资者和债权人,而是扩展到了内部管理者、政府、社会公众及雇员等各方。在这种情况下,仅仅对企业生产效率进行评价已经不能满足管理的需求。因此,各个职能部门,包括营销、研发、财务和人力资源等部门,开始根据自身业务特点建立了一系列新的评价指标,如市场份额、顾客满意度、新产品开发数量、员工满意度等,从而进入了战略性业绩评价的阶段。

在这一阶段出现了多个综合业绩评价模型,如关键绩效指标(KPI)、经济增加值模型(EVA,1991)、平衡计分卡(BSC,1992)、业绩金字塔模型(1990)、绩效棱柱模型(2002)等,其中以平衡计分卡和经济增加值模型为代表。

三、国外战略绩效评价理论

在企业长期竞争优势的建立和保持的过程中,非财务指标在绩效评价中的作用逐渐凸显,理论界和实践界开始将企业的竞争能力、与顾客的关系等非财务指标纳入企业经营绩效的评价范围。到20世纪80年代末,出现了以财务指标为核心、非财务指标为辅助的战略绩效评价指标体系。

在国外,有几种比较有影响力的战略绩效评价理论,如霍尔的四维模型、克罗斯和林奇的业绩金字塔模型、卡普兰和诺顿的平衡计分卡、米勒和莫迪利亚尼的经济增加值模型等。

(一)霍尔的四维模型

霍尔(Robert Hall)提出了一个以四个尺度为基础的绩效评价模型,包括质量、作业时间、资源利用和人力资源。

(1)质量尺度:包括外部质量、内部质量和质量改进程序。外部质量是指顾客或其他外部利益相关者对产品和服务的评价,是产品和服务的关键方面,具体指标包括顾客调查结果、服务效率、保修率和可靠性等。内部质量代表企业内部运营的质量水平,包括总产量、生产能力、检验比率、废品和返工率等。质量改进程序则是确保内部和外部质量达到高水平的一系列步骤或程序。

(2)作业时间尺度:表示将原材料转化为成品所需的时间段。其具体指标包括工具检修时间、设备维修时间、产品和工序设计变更时间、项目变更时间、工具设计时间、工具制造时间等。

(3)资源利用尺度:衡量特定资源的消耗和相关成本,如直接人工、原材料消耗、时间利用和机器利用情况。这包括制造产品和提供劳务的直接成本,以及间接成本和机会成本因素。

(4)人力资源尺度:强调企业需要合适的人力资源储备,并建立适当的雇员评价和奖励制度。

霍尔将质量、时间和人力资源等非财务指标引入企业的经营绩效评价体系,并认为通过改进这四个尺度,企业组织可以降低竞争风险。

然而,需要强调的是,要求企业做出全面的改变是具有挑战性的。通常情况下,企业只能在一定时期内逐步改进这四个方面。此外,任何一个指标的改进都不应以损害其他指标为代价,例如,改善作业时间不应以降低质量为代价。

这种绩效评价方法能够帮助企业全面评估其运营绩效,并为其制定持续改进的策略提供指导。

(二)克罗斯和林奇的业绩金字塔模型

克罗斯和林奇提出了一个将企业总体战略与财务和非财务信息结合的经营绩效评价系统,即业绩金字塔,强调了组织战略在确定经营绩效评价指标中的关键作用,揭示了战略目标自上而下和经营指标自下而上逐级往复运动的等级制度结构。

在业绩金字塔中,企业总体战略位于最高层,产生具体的战略目标,这些目标通过多级瀑布式传递至企业各个作业中心。传递的过程是多级的,首先传递给业务单位层次,产生市场满意度和财务业绩指标;然后向下传递给业务经营系统,形成顾客满意度、灵活性和生产效率等指标;最终传递给作业中心层次,形成质量、交货、周转期和成本构成等指标。

然而,业绩金字塔存在一些缺点。一方面,它未能形成可操作性的业绩评价系统,导致实践中的利用率较低;另一方面,它未考虑到企业的学习和创新能力,而在当今激烈的竞争环境下,评估组织学习能力至关重要。因此,尽管在理论上比较成熟,但在实际工作中的应用却受到了限制。

(三)卡普兰和诺顿的平衡计分卡

卡普兰和诺顿的平衡计分卡起源于1990年美国诺顿研究所的研究项目,该项目由诺顿领导,卡普兰作为学术顾问参与,12家企业参与了研究。他们探索了一种新型的经营绩效评价体系,旨在评估企业的持续发展。基于这项研究,他们提出了平衡计分卡的概念,并建立了四个评估维度:财务、客户、内部经营过程、学习与成长。

卡普兰和诺顿发表了一系列论文,系统阐述了平衡计分卡的原理和应用。他们还撰写了专著,进一步系统化了平衡计分卡的理论与方法。这使得平衡计分卡成了一种全面计量企业经营绩效的系统,是战略绩效评价方法中最具代表性的一种。

相较于之前的方法,平衡计分卡更加完善,能够更好地适应信息时代和竞争环境的需求。它从战略的角度对财务和非财务绩效进行衡量,因此被认为是一种全面评价企业绩效的系统。

(四)米勒和莫迪利亚尼的经济增加值模型

经济增加值(EVA)理论源自经济学家米勒和莫迪利亚尼的关于公司价值的经济模型,这两位经济学家于 1958 年至 1961 年间发表了一系列论文。他们的研究表明,EVA 是企业经济模型的一部分,而不仅仅是会计制度的产物。米勒和莫迪利亚尼提供了一个理论框架,将 EVA 作为度量业绩和建立激励制度的基础,以确保管理人员的行为与股东的利益一致。

经济增加值是企业税后经营利润扣除资本成本后的利润余额。它的理论基础是经济学家所称的"剩余收益"概念,其强调了资本成本,尤其是股权的成本的重要性。相比之下,传统的会计利润指标只涵盖了企业的生产经营成本,而没有考虑资本成本。

在计算经济增加值时,通常需要对当前的财务数据进行调整。这是计算 EVA 的一个挑战,因为实际的计算方法有很多种,计算口径也可以根据高层管理者的指导思想进行调整。

第二节　平衡计分卡

一、平衡计分卡的产生与发展

在 20 世纪 90 年代以前,财务指标被广泛视为评估企业绩效最公正和合理的衡量变量。然而,随着经济的发展,智力资本在现代企业竞争中的作用日益凸显,企业竞争优势更加明确地体现为企业是否具备能够有效实现企业战略目标的人力资源和管理过程。因此,企业的管理者除了需要了解准确的短期财务指标外,更重要的是要了解企业内部经营管理水平及未来的发展潜力。在这样的背景下,战略性绩效管理工具——平衡计分卡应运而生,并得到了广泛的应用和发展。

(一)平衡计分卡的萌芽(1987—1989 年)

在 1987 年至 1989 年期间,ADI 公司进行了平衡计分卡的实践尝试。ADI 是一家半导体生产公司,专注于生产模拟数字和数模混合信号处理装置,这些装置广泛应用于通信、计算机和工业自动化领域。该公司在 1987 年调整战略方案时,意识到战略制定和实施同等重要,希望通过与员工的沟通,使员工充分理解并认同公司战略,并将战略落实到日常管理工作中。在制定战略的过程中,ADI 公司首先确定了重要利益相关者,包括股东、员工、客户、供应商和社区。然后,在公司的使命、价值观和愿景的指导下,根据这些利益相关者的利益,设定了战略目标,并明确了三个战略重点。为了确保战略目标的实现,ADI 公司推行了质量提高项目(Quality Improvement Process,QIP)。在项目推进过程中,ADI 公司将实现战略目标的关键要素转化为年度经营绩效计划,从而衍生出了平衡计分卡的雏形。

(二)平衡计分卡的理论研究时期(1990—1993 年)

在为 ADI 公司工作期间,罗伯特·卡普兰发现了 ADI 的平衡计分卡,并认识到它的重要价值。于是,他与戴维·诺顿开始了对平衡计分卡的理论研究。

研究的起点是企业绩效评估,通用电气、杜邦、惠普等 12 家知名公司也参与了这项研究。研究小组重点对 ADI 公司的计分卡进行了深入研究,扩展和深化了其在企业绩效评估方面的应用,并将研究成果命名为"平衡计分卡"。该小组的最终研究报告详细阐述了平衡计分卡对企业绩效评估的重要贡献,并建立了平衡计分卡的四个评估维度:财务、客户、内部经营过程、学习与成长。

平衡计分卡理论研究的第一个重要里程碑是 1992 年,卡普兰和诺顿在《哈佛商业评论》上发表了第一篇关于平衡计分卡的论文《平衡计分卡——驱动绩效指标》,总结了研究成果,并详细阐述了参与最初研究项目的公司在使用平衡计分卡进行企业绩效评估时获得的好处。

平衡计分卡理论研究的第二个重要里程碑是 1993 年,卡普兰和诺顿在《哈佛商业评论》上发表了第二篇关于平衡计分卡的重要论文《平衡计分卡的实践》,将平衡计分卡扩展到企业的战略管理中。他们认为,平衡计分卡不仅仅是企业绩效评估的工具,更重要的是企业战略管理的工具。在文章中,他们明确指出,企业应根据其战略实施的关键成功要素来选择绩效评估的指标。

(三)平衡计分卡理论的深化发展时期(1994 年至今)

平衡计分卡的理论研究在 1994 年之后进入了深化发展的阶段。首先,平衡计分卡在美国的众多企业中得到了广泛实施,并逐渐推广到全球多个国家的企业中。不仅如此,平衡计分卡也开始涉足各个行业,包括一些非营利性机构,全球各行业对平衡计分卡的需求也在以成倍的速度增长。

在 1996 年,卡普兰和诺顿在《哈佛商业评论》上发表了第三篇关于平衡计分卡的论文《平衡计分卡在战略管理系统中的应用》。他们在这篇论文中详细解释了平衡计分卡作为战略与绩效管理工具的框架,包括设定目标、制定行动计划、分配预算资金、提供绩效指导与反馈及连接薪酬激励机制等内容。同时,卡普兰和诺顿还在同年出版了第一本关于平衡计分卡的专著《平衡计分卡——化战略为行动》,详细阐述了平衡计分卡作为战略管理工具对企业战略实践的重要性。三篇论文和这本专著奠定了平衡计分卡的理论基础。

在 2001 年,卡普兰和诺顿在总结众多企业成功实践经验的基础上,出版了第二本关于平衡计分卡的专著《战略中心型组织》。他们在这本书中指出,企业可以通过平衡计分卡根据企业战略来建立组织内部的管理模式,使核心流程聚焦于战略实践。这标志着平衡计分卡开始成为组织管理的重要工具。

在 2004 年,卡普兰和诺顿推出了第三本关于平衡计分卡的专著《战略地图——化无形资产为有形成果》,进一步深化和完善了平衡计分卡的理论体系。

这三本著作分别关注了平衡计分卡的不同方面,《平衡计分卡——化战略为行动》关注战略衡量,《战略中心型组织》关注战略管理,《战略地图——化无形资产为有形成果》关注战略描述。卡普兰和诺顿提出了"突破性业绩＝战略地图＋平衡计分卡＋战略中心型组织"的公式,强调了平衡计分卡与企业战略之间的相互关系。他们还指出,"你无法描述的,就无法衡量;你无法衡量的,就无法管理",准确地概括了平衡计分卡三部著作之间的关系和平衡计分卡与企业战略的重要性。

二、平衡计分卡的设计思想

传统的绩效评价系统往往只是将各项指标呈现给管理者,无论是财务指标还是非财务指标,人们很少看到它们之间的相互联系及对企业最终目标的影响。然而,平衡计分卡与此不同,它的各个组成部分都是以一种综合的方式进行设计的,建立了一条从公司当前努力到未来前景的"因果关系链",将企业目标与业绩指标紧密联系起来。通过平衡计分卡,管理者能够清楚地看到并分析影响企业整体业绩的各种关键因素,而不仅仅是短期的财务结果。这有助于管理者始终关注整个业务活动的发展过程,并确保当前的经营绩效与公司的长期战略保持一致。

平衡计分卡由四个部分组成:财务(finance)、客户(customer)、内部经营过程(internal business process)、学习与成长(learning and growth)。

与以前单一的标准不同,实施平衡计分卡的管理者可以从四个重要角度来观察企业。

(1)顾客角度:顾客如何看我们?

(2)内部角度:我们必须擅长什么?

(3)创新和学习角度:我们能否继续提高并创造价值?

(4)财务角度:我们怎样满足股东?

根据这四个不同角度,平衡计分卡包括内外部评价指标、成果评价指标、主客观评价指标、长短期评价指标四个主要指标,如表7-1所示。

表7-1　平衡计分卡主要指标

主要指标	分类	举例
内外部评价指标	外部评价指标	股东和客户对企业的评价
	内部评价指标	内部经营过程、新技术学习、创新与成长
成果评价指标	成果评价指标	财务指标中的利润、市场占有率
	导致成果出现的驱动因素评价指标	新产品开发投资、员工培训和设备更新
主客观评价指标	主观评价指标	客户满意程度、员工忠诚度
	客观评价指标	利润、员工流动率、客户抱怨次数
长短期评价指标	长期评价指标	客户满意度、员工培训成本和次数
	短期评价指标	利润指标

平衡计分卡的核心在于以上四个部分的平衡,并且在系统中还存在着定性指标和定量指标、财务指标和非财务指标之间的平衡。这四个部分密切相连,相互影响。

在平衡计分卡系统中,财务指标展示了已经采取行动所带来的结果。同时,它也通过顾客满意度、内部程序和组织创新等业务指标来弥补财务指标的不足。这些业务指标是未来财务绩效的推动因素。"学习与成长"直接影响其他三个部分,"内部经营过程"对"客户"和"财务"产生制约作用,而"财务"则受其他三个部分的直接影响。[①]如图 7-1 所示。

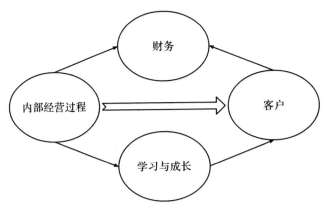

图 7-1 平衡计分卡四个部分的关系

通过国外大型企业的管理实践经验可以看出,平衡计分卡方法满足了多项管理上的需求。

一方面,平衡计分卡让企业将各种能够增强其竞争力的事项集中在一份管理报告中呈现,包括以顾客为导向、缩短反应时间、提高产品质量、重视团队合作、缩短新产品上市时间和注重长期管理等。

另一方面,平衡计分卡鼓励管理人员综合考虑所有重要的业绩评估指标,使他们能够意识到某一方面的改进是否会以损害另一方面为代价,从

---

① 郑玲,王青松,颜才玉. 高级管理会计理论与实务[M]. 北京:经济科学出版社,2022:157.

而避免企业的次优化行为。

平衡计分卡这种绩效评价系统综合考虑了内部和外部因素、成果和动因、客观和主观因素，以及短期和长期目标之间的平衡关系。它能够清晰地展示对企业发展和成功至关重要的因素，突出管理者决策的核心，同时激励企业各部门和员工努力实现相应的目标。通过平衡计分卡，企业能够集中精力实现战略性发展，强调每个部门和个人的重要性，并激励他们为实现企业整体目标而共同努力。

三、平衡计分卡的主要内容

正如之前所述，平衡计分卡包括财务、客户、内部经营过程、学习与成长四个部分，这构成了平衡计分卡四个维度的要素。

(一)财务

平衡计分卡保留了财务层面的元素，因为财务指标能够全面反映企业的财务状况和经营成效。企业的最终目标是实现盈利，财务指标可以评估公司的经营策略对盈利的影响。财务层面是其他各方面的基础，因为无论其他方面表现如何出色，如果不能转化为财务成果，就没有实际意义。传统的绩效评价方法过于侧重财务指标，而平衡计分卡通过综合考量各方面指标，弥补了这一不足，因此并不是排斥财务衡量，而是强调其重要性。

企业应根据自身的发展阶段和战略目标来确定适合的财务指标。例如，一家美国银行采用了四个财务指标：(1)投资回报率；(2)收入增长率；(3)储蓄服务成本降低率；(4)各项服务收入占比。又如，一家美国半导体公司采用了三个财务指标：(1)现金流入；(2)销售部门的销售增长额和营业净利润；(3)市场及投资回报率的增长比率。

这些财务指标外显了财务会计的作用，即通过遵循会计准则编制的财务报表向外界展示企业的盈利情况，同时也体现了企业内部管理者对财务控制的思想。

(二)客户

在平衡计分卡的客户维度中,管理者需要确定本部门所针对的竞争性客户对象和市场份额,并衡量在这一范围内的绩效表现。其核心指标包括客户满意度、客户保持率、新客户获取率、客户利润能力、市场份额。

(1)客户满意度:能够反映客户对购买经历的满意程度。提高客户满意度有助于保持现有客户并吸引新客户,但需要注意其主观性。

(2)客户保持率:能够衡量企业与现有客户关系的保持程度,反映企业保留现有客户的能力。增加现有客户的数量能够提高市场份额。

(3)新客户获取率:能够评估企业赢得新客户和业务的能力,可以通过新客户数量或销售额来计算。

(4)客户利润能力:指企业从单个客户或整体客户群体中获利的水平。

(5)市场份额(市场占有率):能够反映企业在目标市场上的业务比例,可以通过客户数量或产品销售量进行计算。最大化市场份额必须建立在盈利目标的基础上,否则单纯追求市场份额可能不利于长期发展。

这五个指标是从客户获利的基础,但不保证企业一定能从客户那里获利,因此需要平衡。除了上述核心指标,企业还可以考虑其他指标,如服务水平、服务态度、服务速度和产品品质等,以提升客户体验和维护良好的客户关系。

(三)内部经营过程

传统的绩效评价体系通常侧重于控制和提高各职能部门的工作效率,并主要依赖财务指标来评估这些部门的绩效。有时会在财务评价的基础上添加一些额外的指标,如产品质量、投资回报率和生产周期,但仍然是单个部门的业绩评价,而不是综合考虑企业的整个经营过程。相比之下,平衡计分卡强调评价指标的多样性,不仅包括财务指标,还包括非财务指标,同时为企业定义了一个完整的内部过程价值链,以协调各部门的工作,激励管理者全面改善企业的内部经营过程。

每家企业都有其独特的内部经营过程,通常可以分为创新阶段、经营阶段和售后服务阶段,形成企业内部的价值链。如图 7-2 所示。

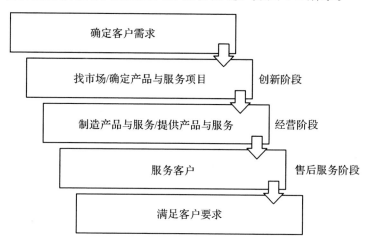

图 7-2　企业内部经营过程价值链

1. 创新阶段

创新过程包含两个关键部分:第一是管理者进行市场调研,确定市场规模、客户偏好和目标产品或服务的定价策略;第二是企业拓展可提供的产品和服务范围,把握潜在的机遇和市场需求。企业的创新能力直接影响其未来的生存与发展。

产品设计和开发在创新过程中扮演着至关重要的角色。现代理念认为,创新过程比日常经营表现更为关键,因为在研发阶段已经确定了大部分生产成本,后续阶段很难大幅削减成本。在这个阶段,可以采用多种评价指标,例如新产品销售额占比、专利产品销售额占比、产品设计修改次数、产品推出时间是否领先竞争对手、是否提前完成新产品推出计划及开发下一代新产品所需时间等。

2.经营阶段

经营阶段指的是从接收客户订单到向客户交付产品和提供服务的全过程。这个阶段的关键是及时、高效、连续地满足客户需求。平衡计分卡在对经营阶段的评估中通常采用三个主要指标：时间、质量和成本。时间主要指经营阶段的反应速度，即从接收订单到完成交付的时间长度，企业应尽可能缩短这一时间。提高经营阶段的质量通常包括增强安全性、降低次品率、减少浪费和返工次数等。由于完成一个经营阶段需要多个部门的协作，因此企业应该采用以经营活动为中心的成本衡量体系，以便管理人员全面了解经营阶段的成本情况。企业可以采用作业成本分析方法，以最大程度减少无附加值的作业过程。

3.售后服务阶段

售后服务阶段代表了企业内部经营过程的最终阶段，包括提供担保、产品修理和协助客户完成结算等服务。在此阶段，可采用时间（即客户提出请求到问题最终解决的时间）、质量（通常以售后服务成功率衡量）、成本（指用于售后服务的人力和物力成本）等指标进行评估。

通过对内部经营过程指标的说明，我们可以看出，平衡计分卡与传统的业绩评价系统存在两个显著差异：一是传统方法着重于监督和改进现有的经营过程，而平衡计分卡则关注对企业整个业务流程进行改进，以实现企业的财务目标和满足客户需求；二是平衡计分卡重视创新过程，并将其融入内部经营过程中。对于许多公司来说，创新过程是推动未来企业财务结果的重要动力。因此，平衡计分卡比传统的业绩评价方法更加关注企业的长期业绩。

（四）学习与成长

在设计平衡计分卡时，学习与成长的维度应当深入考虑如下三个关键领域。

（1）人力资源管理：核心在于提升员工的能力水平，激发其主动性和创造力；衡量指标包括员工满意度、员工保留率以及生产效率等。

（2）信息系统效能：关注信息流程的顺畅性，确保员工能够及时、准确地获取关键信息，以满足客户需求并优化产品与服务；评估标准包括成本信息的及时传达和员工获取信息的多样化途径。

（3）员工积极性与参与度：审视企业内部环境是否有助于提高员工的积极性和参与度；可以通过员工提出的建议数量和质量，以及已经实施的建议数量来进行评估。

平衡计分卡综合了财务、客户、内部经营过程、学习与成长四个部分，为企业提供了一个全面的业绩评估框架。然而，针对特定企业的行业特性和目标，可能需要在这些核心方面之外添加其他评估内容。平衡计分卡不仅仅是作为一个控制工具，其主要目的是促进沟通、信息共享和学习，帮助各层级人员明确自己的目标，并为企业的整体目标做出贡献。

四、平衡计分卡的编制

（一）平衡计分卡在战略管理中的应用

为了确保平衡计分卡有效地支持企业战略，应关注如下几个方面。

（1）建立因果关系。四个维度的平衡计分卡应建立起因果关系，使得各指标相互补充、相互关联，共同支持企业战略的实现。这种因果链确保平衡计分卡不仅是业绩衡量的工具，更是战略实施的框架。

（2）结合衡量指标与驱动因素。除了具体的业绩衡量指标，平衡计分卡还应包括这些指标的驱动因素，即实现这些指标的具体行动。这种结合可以清晰指示企业如何通过具体行动实现战略目标，并及时反映战略的执行情况。

（3）关联财务指标。平衡计分卡应与企业的财务指标相结合，因为最终目标是实现经济效益的最大化。强调与财务目标相联系的经营成果,如资本回报率,是企业持续生存和发展的基础。

平衡计分卡与战略管理之间存在密切关系:一方面,战略规划所确定的目标是平衡计分卡评估的一个基准;另一方面,平衡计分卡也是一个有效的战略执行系统,通过引入四个步骤,使管理者能够将长期战略与短期行动紧密联系起来。

第一个步骤是说明远景。远景可以被理解为企业长期目标,有效的远景说明有助于形成组织内部所有行动的共同愿景和目标,从而帮助管理者就组织的使命和战略形成一致认识,这对于描述长期成功的驱动因素至关重要。

第二个步骤是沟通与联系。它使组织内各级管理者能够有效沟通企业的战略,从而将战略与各部门及个人的目标联系起来。

第三个步骤是业务规划。它使公司能够实现业务计划与财务计划的一体化,确保各部门的具体行动与企业战略保持一致。

第四个步骤是反馈与学习。它使整个公司具备战略性学习与改进的能力,通过不断的反馈和学习,使企业能够不断适应外部环境的变化并持续改进自身的战略执行能力。

(二)如何编制有效的平衡计分卡

从前述内容中可以明确,平衡计分卡对企业而言不仅仅是一套业绩指标,更是一个战略管理系统。其制定与实施是一个复杂的过程,需要全面考虑各种因素,并获得从企业最高层管理者到实际操作员工的全面支持。

建立有效平衡计分卡的关键步骤如下。

(1)明确企业使命和战略:确立企业的使命和战略目标,以确保它们对每个部门都具有明确且可操作的意义,并通过特定的绩效指标来实现这些目标。

（2）成立平衡计分卡团队：设立一个专门的小组或委员会，负责阐述企业的使命和战略目标，并设定财务、客户、内部经营过程、学习与成长四个维度的具体目标。

（3）选择适当的绩效指标：为各个维度的目标选择最合适的绩效衡量指标。

（4）内部沟通与培训：通过多种渠道如刊物、邮件、公告和会议等，确保管理层和员工了解企业的使命、战略和绩效指标。

（5）设定具体的绩效目标值：确定每年、每季、每月的绩效目标值，并将其与企业的计划和预算相结合，同时注意各指标之间的相互关系。

（6）关联报酬激励制度：将年度奖励机制与平衡计分卡的绩效指标相挂钩，为不同维度的指标设定不同的权重，并计算加权得分作为奖励考核的依据。

（7）收集反馈并不断优化：定期收集员工意见，根据反馈修正平衡计分卡的指标和企业策略，持续改进和优化绩效管理体系。

这些步骤需要经过精心规划和持续的管理承诺，以确保平衡计分卡的成功实施和维护。

公司战略的制定已经成为企业管理中不可或缺的一环，而战略咨询也是现代咨询服务领域的重要组成部分。制定公司战略需要经历一系列的分析过程，综合考虑外部环境和内部能力后才能确定。关于公司战略的制定，各企业、专业咨询公司和学者在长期的研究和探索中已经总结出了许多可行的模型。目前，最常用的仍然是由美国学者迈克尔·波特提出的竞争优势模型。该模型通过 SWOT 分析，考察潜在竞争者、供应商、客户、替代品和产业内竞争者五个方面，以寻找适合企业的战略。如图 7-3 所示。这种分析方法有助于企业了解自身的优势和劣势，把握成长机会，了解当前处境和潜在威胁，进而确定关键的成功因素和评估方法。

在 SWOT 分析中，"S"代表优势（Strengths），"W"代表劣势

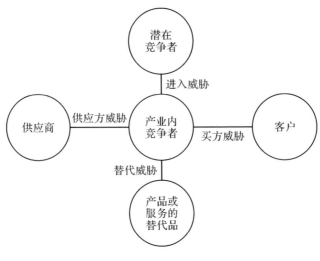

图 7-3　SWOT 分析

（Weaknesses），"O"代表机会（Opportunities），"T"代表威胁（Threats）。SWOT 分析就是对企业内在优势和劣势以及外部机会和威胁进行评估，并将评估结果整理成一张对比表。通过对比表，公司可以制定相应的战略来利用优势、弥补劣势、抓住机会和应对威胁。

综合而言，企业的成功主要受到企业的优势、行业内其他企业的不足及企业所面临的主要机遇和挑战的制约。特别需要关注的是企业在竞争中所面临的威胁。这些威胁可能来自现有竞争者和新进入市场的竞争者。通常情况下，企业要取得成功，首先应该提供物美价廉和具有个性化特点的产品；其次需要建立良好的顾客关系，拥有潜力巨大的产品市场并不断扩大的顾客群；最后，企业的技术水平应处于同行业的领先地位。

实施平衡计分卡并不仅仅是将组织结构与战略相匹配，而是一项全面性的任务，需要精心选择并实施可行的绩效指标。这项任务的难度主要在于所选指标必须直接反映出战略意图，能够有效地衡量业绩，并且具有实际可操作性，确保相关数据能够被实际收集和分析。举例来说，一家美国的半导体公司在实施平衡计分卡时，设定了一系列涉及客户关系的具体目标和相应指标,其中包括新产品推出、满足客户交货要求、选择优质供应商和提升顾客参与度等。然而,有些指标具有较强的主观性且难以量化,比如"顾客参与度",这展现了在选择有效指标时所面临的挑战。

进一步来说,平衡计分卡面临的另一个主要挑战是在公司内部的理解和沟通方面。尽管平衡计分卡旨在将公司的战略与具体的绩效指标结合起来,成为一种既能衡量业绩又能促进战略管理和内部沟通的工具,但在实际操作中仍存在着一些难题。如果战略目标表述不够清晰,或者绩效指标无法准确地反映这些战略目标,又或者战略与具体指标之间缺乏明确的因果关系链条,就可能导致战略与执行之间的脱节,从而造成内部理解和沟通方面的困难。

平衡计分卡的实施通常会带来组织变革,其中包括重新分配职责、优化业务流程、引入新的操作要求和制定新的规章制度等。这些变革要求员工摒弃过去的工作习惯和框架,投入新的学习和适应过程中,这涉及时间和心理上的"成本"。在这种情况下,很自然地可能会遇到来自各个方面的阻力。

因此,对于平衡计分卡的成功实施,持续的沟通和教育至关重要,需要确保每一位员工都不仅理解战略目标,还能清楚地看到自己在实现这些目标中的作用和贡献。这种更深入的理解有助于减少误解和阻力,使平衡计分卡成为一个有效的战略执行工具。通过定期的培训、研讨和反馈循环,可以增强团队的合作意识,提高战略执行的整体效率。

五、对平衡计分卡的评价

(一)平衡计分卡的优点

(1)平衡计分卡通过因果关系链将财务指标和非财务战略指标整合到一个评价系统中,同时包括结果指标和驱动指标,使其成为一个前向反馈的管理控制系统,为战略的有效执行提供了保障。

(2)非财务指标的多个维度充分反映了企业技术和竞争优势变化的实质,如客户关系、创新能力等无形资源。

(3)平衡计分卡强调评价指标的战略相关性,要求部门和个人业绩指标与组织的整体战略密切关联,从而超越了一般的业绩评价系统,成为一个综合的战略实施系统使人们的关注焦点从战略规划逐步转向了战略实施。

(4)有利于组织和员工的学习成长和核心能力培养,使企业的战略成为一个持续的流程。

(二)平衡计分卡的不足之处

平衡计分卡隐含了一个基本假设:从底层的学习与成长、流程改进到上层的满足客户、财务业绩之间存在着因果联系。因果关系链的理论是指某一事件(X)的发生导致了另一事件(Y)的发生,X事件先于Y事件发生,观察到X事件发生意味着Y事件也将随之发生,并且两者之间存在时间和空间上的相关关系。对平衡计分卡的批评主要集中在对这种因果关系链是否成立的逻辑假设方面。

我们可以进一步思考:这种逻辑假设是否合理?如何理解这种假设?

(1)平衡计分卡未考虑时间因素。

在平衡计分卡中,各个维度的指标都是在同一时间点上选择的,这种因果关系的确立可能存在挑战。在战略地图中,不同的行动方案被简单地列在同一张图上,通过复杂的因果链条最终指向财务结果。然而,这些图示上的箭头并不代表这些行动方案之间存在因果关系。例如,新产品研发进展、现有产品线质量提高、加大促销力度,虽然在战略地图中都指向财务结果,但它们的作用时间明显不同。将这些指标笼统地放在一张静态的战略地图中,我们如何能够清楚地区分出哪些因素何时对财务结果产生影响,以及影响效果如何呢?

(2)指标的选择存在困难。

平衡计分卡的方法基于竞争战略分析,假定学习、流程、客户等维度的指标改善会对财务业绩产生积极影响。然而,在确定其他维度的行动方案时,还需要通过财务可行性进行验证,在确定先后顺序和因果关系方面还存在一定困难。例如,我们无法确定哪个因素应该优先考虑,以及因果关系的确切性。正如迈克尔·詹森(Michael Jensen)对平衡计分卡的批评所言:多重目标即是没有目标。我们要求管理者在多个指标上同时实现最大化,却没有明确说明如何在这些指标之间进行权衡。

(3)逻辑关系不够严谨。

有人认为,平衡计分卡的四个维度之间存在相辅相成的依赖关系,但并非因果关系。在实际经营中,不能简单地认为组织学习驱动流程改善,进而推动客户满意,最终影响财务结果。

事实上,任何一个维度指标的改善或行动方案的实施,都受到财务因素的限制。例如,研发部门的现金支出受到财务业绩支持的制约,可能会因上期现金流低效而受到严重限制。在财务维度上,收入增长、财务杠杆的应用,甚至净利润的增加也不一定会最终创造价值,因为存在着循环逻辑和相互制约的问题。

总的来说,平衡计分卡作为一种战略性业绩评估方法,尚存在一些不足之处,需要在设计和应用中特别注意。首先,平衡计分卡属于主观评价方法,在权重和业绩标准选择上存在一定的主观性。其次,平衡计分卡只是提供了一种思维框架和计量模式,并非一种通用的指标体系,不同企业应根据其战略管理需求和外部环境特点选择不同的角度和指标进行设计。平衡计分卡为战略平衡管理提供了基本思路和方法,但在实际应用中,企业需要根据具体情况进行灵活运用。

第三节　关键绩效指标

一、关键绩效指标的理论基础

1897 年,意大利经济学家帕累托(Pareto)偶然发现,英国人的财富分配呈现出一种不平衡的模式,其中大部分财富流向了少数人手中。早期的数据也显示,在其他国家也反复出现了这种微妙的关系。这种不平衡在数学上表现出一种稳定的模式,并且在经济、社会和生活中普遍存在。帕累托认为,在任何一组事物中,最重要的部分只占其中的一小部分,大约占20%,而剩余的 80%虽然数量上占据主导地位,但是在重要性上相对次要。这一原则被称为"二八法则"或"帕累托定律"。

将"二八法则"运用于企业经营实践中,意味着企业需明确其经营活动中最为关键的 20%要务,并采取相应措施以确保这 20%的关键要务取得突破性进展。

关键绩效指标法源自对英国建筑业绩效评价体系的改革,其目的在于鼓励工程项目方,包括业主、承包商和供应商,准确评估自身的绩效表现,并采取积极措施建立持续改进的氛围。这种方法将管理学理论中的关键成果领域理论与目标管理理论相结合,其理论基础即是"二八法则"。该方法为绩效评价指明了方向,即应将主要的绩效评价焦点放在关键的结果和关键的过程上,围绕关键绩效指标展开绩效评价。

二、关键绩效指标的定义及特点

(一)关键绩效指标的定义

关键绩效指标是那些对企业绩效具有重要影响的指标,是经过对企业战略规划、关键成果领域和关键绩效特征的分析、识别和提炼而得出的,能够有效推动企业价值创造的指标。

根据"管理会计应用指引第 600 号——绩效管理",关键绩效指标法是一种基于企业战略规划,通过建立关键绩效指标(KPI)体系,将价值创造活动与战略规划目标有效联系起来,并以此为基础进行绩效管理的方法。完整描述关键绩效指标(KPI)的十三要素如表 7-2 所示。

表 7-2 完整描述关键绩效指标(KPI)的十三要素

序号	1	2	3	4	5	6	7	8	9	10	11	12	13
要素	指标名称	考核目的	指标定义	计量单位	指标极性	被考核单位	考核单位	考核周期	指标权重	指标刻度值与计分方法	数据来源与稽核	相关表单	管理制度

(二)关键绩效指标的特点

1. 目标明确

关键绩效指标体现为对组织战略目标有增值作用的绩效指标,是连接个体绩效与组织战略目标的一个桥梁。关键绩效指标作为衡量各职位工作绩效的指标,其所体现的衡量内容取决于公司的战略目标,是驱动公司战略目标实现的具体因素的发掘,构成公司战略目标的有效组成部分和支持体系,并且随着公司战略目标的发展演变而调整。

2. 价值导向

关键绩效指标反映和衡量的是公司战略价值的主要驱动因素,能够驱使组织朝着正确的方向前进以实现预定的战略目标,因此它们应体现出组织内部管理流程的价值链服务质量。某一部门或职位的绩效结果最终体现了对其所服务的内部客户与外部客户的价值贡献。

3.高度参与

关键绩效指标通过对组织战略目标的层层分解产生,体现出了目标管理的思想。指标分解过程由上级和员工共同参与完成,要求上下级人员对职位的工作绩效要求达成一致。在这个过程中,下级不是被动的执行者,而是主动的参与者,这有利于员工对绩效目标的理解和执行,也有利于鼓励员工的工作积极性。

4.关键可控

关键绩效指标是最能有效影响企业价值创造的关键驱动因素,通过对战略目标和组织绩效起不可或缺作用的工作进行衡量,引导经营者和管理者将精力集中在能对绩效产生最大驱动力的经营行为上。同时,关键绩效指标在制定时必须达到可量化和可控制的要求,即指标有明确的定义和计算方法,尽量反映员工工作的直接可控结果,剔除他人或环境造成的其他方面的影响。

5.反馈改进

管理者应定期对部门或个人的关键绩效指标进行评估,及时了解工作进度和完成情况并进行总结和反馈,及时发现潜在的问题并进行改进,通过监测与绩效目标有关的工作,适时调整关键绩效指标,使关键绩效指标始终关注组织战略目标的核心内容。

三、关键成果领域

(一)关键成果领域的定义

关键成果领域(Key Result Area,KRA)是指确保达成战略目标的不可或缺的领域。一家公司的关键成果领域通常不超过 8 个,而一个部门的关键成果领域通常不超过 5 个。

具体而言,关键成果领域包括但不限于:市场地位、产品创新、生产效率、资源管理(包括实物和金融资源)、利润增长、人力资源与文化、社会责任、成本管理、资源整合、信息化水平、财务管理、优质制造、客户关系、品牌建设等。

这些关键成果领域涵盖了组织在不同方面取得成功所必须关注的重要领域,对于确保组织战略目标的实现起着至关重要的作用。

关键成果领域与关键绩效指标的关系如图 7-4 所示。

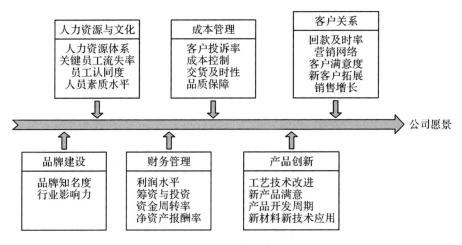

图 7-4　关键成果领域与关键绩效指标关系

(二)关键成果领域的作用

关键成果领域的重要价值在于引导管理人员将有限的资源,如时间、资本、人力、工厂和设备等,集中用于最关键的事务,并确保在这些事务中取得最高的效率和效益。通过明确定义关键成果领域,管理者能够避免陷入"事务繁忙"或"忙碌而无所获"的困境,不会被无谓的琐事缠绕,而是能够专注于优先级最高的工作。关键成果领域的设定使管理者能够清晰地了解哪些方面对于实现组织的战略目标至关重要,从而能够将资源集中在这些关键领域,以最大程度地提高组织的整体绩效和效率。因此,关键成果领域不仅能够帮助管理者避免陷入琐事纷扰的困境,还能够确保他们的工作重点与组织的战略方向保持一致,从而推动组织朝着预期的方向前进。

(三)从关键成果领域到关键绩效指标

关键业务板块(Key Business Area,KBA)是指构成某一关键成果领域所需完成的几项任务,即实现和达成关键成果领域的工作环节,它们是单独的业务单元或模块。几个关键业务板块共同组成一个关键成果领域。需要说明的是,有时候,一个关键成果领域只包含一个关键业务板块;但大多数情况下,实现一个关键成果领域需要涉及多个关键业务板块。

每个关键业务板块产生的一个或多个输出结果或产出即为关键业务成果(Key Business Fruit,KBF)。关键业务成果可能是某个文件的形成、某种状态的达成,或者某个结果的产生。关键业务流程(Key Business Procedure,KBP)是指从关键成果领域到关键业务板块、关键业务成果的整个作业流程。一般而言,一个关键成果领域对应一个或多个关键业务流程,但通常情况下,一个关键成果领域不会对应超过 3 个关键业务流程。

四、实施关键绩效指标的程序

关键绩效指标是对关键业务流程中每个步骤所产生结果的评估,每个关键成果领域都包含了若干个关键绩效指标。关键成果领域和关键绩效指标是将企业的战略目标分解为可操作的工作目标的工具,是企业绩效管理的基础。建立明确、切实可行的关键绩效体系是实施绩效管理的关键。

(一)制订绩效计划

绩效计划是企业开展绩效评价工作的行动方案,包括构建绩效指标体系、分配指标权重、确立绩效目标、选择计分方法、确定评价周期、签订绩效责任书等一系列管理活动。

1.构建绩效指标体系

(1)构建指标体系的流程:①制定企业级绩效指标,需考虑战略目标、内外部环境等因素,结合价值创造模式设立企业级绩效指标;②制定部门级绩效指标,根据企业级指标逐级分解,结合各部门关键业务流程确定绩效指标;③制定员工级绩效指标,根据部门级指标和员工岗位职责设立绩效指标。

(2)指标分类:①结果类指标反映企业绩效的价值,如投资回报率、净资产收益率等;②动因类指标反映企业关键驱动因素,包括资本性支出、单位生产成本等。

(3)绩效指标要求明确、可衡量、与战略目标相关。每个层级的指标一般不超过 10 个。

(4)指标选取方法:①关键成果领域分析法,根据企业价值创造模式确定关键成果领域和指标;②组织功能分解法,按部门职责逐级确定绩效指标;③工作流程分解法,根据工作流程确定相关绩效指标。

2.分配指标权重

关键指标的权重应以企业战略目标为导向,反映被评价对象对企业价值贡献或支持的程度,以及各指标之间的重要性。

(1)单项指标权重一般设定在 5%～30% 范围内,对重要指标可适当提高权重。

(2)对影响企业整体价值的关键指标可设立"一票否决"制度,即若某项指标未完成,无论其他指标是否完成,均被视为未达到绩效目标。

3.确立绩效目标

确立绩效目标的方法包括:参考行业标准或竞争对手标准;依据企业战略目标、年度生产计划、年度预算、历史指标等内部标准;如无法采用前述方法,可根据企业历史经验值确定。

4.选择计分方法

绩效评价计分方式分为量化法和质化法。量化法包括功效系数法和综合指数法等;质化法包括素质评价法和行为评价法等。

5.确定绩效评价周期

绩效评价周期通常包括每月、每季、半年、年度和任期。每月和每季的绩效评价主要针对基层员工和管理层,半年的适用于中高级管理层,年度的适用于所有被评价对象,而任期评价则主要针对企业负责人。

6.签订绩效责任书

绩效计划确定后,通常要求评价主体和被评价对象签订绩效责任书,以明确双方的权利和责任,并作为绩效评价和激励管理的基础。绩效责任书主要包括绩效指标、目标值和权重、评分方法、特别约定事项、有效期、签署日期等内容。一般来说,绩效责任书是按年度或任期签订的。

(二)制订激励计划

企业应以绩效计划为基础,制订奖励方案。奖励方案应采用多样化的奖励手段,同时考虑内在奖励与外在奖励、短期奖励与长期奖励、货币奖励与非货币奖励、个人奖励与团队奖励、正向奖励与负向奖励,充分发挥各种奖励形式的综合效应。

(三)执行绩效计划与激励计划

企业应定期执行绩效评价和激励,在执行绩效和激励计划的过程中,企业应持续深入地进行流程管理,及时辨别存在问题的关键流程,根据需要对流程进行优化和改进,必要时进行流程再造,以确保流程改进计划与战略目标相一致。

(四)实施绩效评价与激励

绩效管理机构应定期执行绩效评价和激励,根据绩效计划和奖励计划的规定,对被评价对象的绩效表现进行系统、全面、公正和客观的评估,并根据评估结果实施相应的奖励。

(五)编制绩效评价与激励管理报告

绩效管理机构应定期或根据需求编制绩效评价和激励管理报告,以反映绩效评价和激励管理的结果。报告内容应真实可信,数据可靠,分析客观,结论明确,以满足决策者的需求为目标,提供决策所需的信息。

第四节　激励机制:定期评核与年终考核

为了确保年终评核的客观公正并及时发现问题和采取纠偏措施,企业应对定期工作评核予以高度重视。实际上,定期评核是年终评核的基础,后者可视为定期评核的"年度累积"或"年终总结"。自20世纪60年代初,某大型企业集团即在全企业内广泛推行目标管理制度。此举要求管理者和员工不仅要设定个人工作目标,还要同时制订达成目标的具体方案。由于许多目标是分阶段实施的,因此对管理者而言,关键在于评核目标的执行过程而非最终达成的效果。只要部门主管能有效控制每个阶段,最终结果就不会出现较大偏差。

主管不能等到员工真正出问题或犯错误之后才采取措施予以纠正,这种做法相当于"不教而杀"。辅助决策人员应制定定期评核和年终考核,以及两者相结合的一整套评核办法,并将其纳入已有的人事管理制度。要求各单位重视以月度为基础开展定期绩效评核工作,打破过去以年度为周期进行评核所带来的弊端,并尽量减少主管与下属之间可能发生的纠纷和冲突。

实施定期工作评核给管理层带来了巨大压力。各部门主管必须对所属人员的平时工作表现、专长及行为特质进行详细记录和考核。尤其是在电脑系统尚不完善之时，主管对员工的"过程贡献程度"的计算和统计可能会是一项挑战。为避免这种情况发生，各部门主管定期定时给予量化打分，即使是对一些例行性工作也不例外。

以总管理处总经理室辅助决策人员为例，机能小组多参与非生产性管理活动，如财务、人事、稽核、采购，甚至文秘工作。一般企业难以有效评估这些部门和人员的绩效，但经过多年探索和总结，该集团积累了一套完整的做法：辅助决策人员可以继续运用早期"作业整理法"中积累的经验，比如作业分析或工作分析。首先，将总经理室辅助决策人员分为"管理辅助"和"审核辅助"两大类，然后根据工作性质设立评核指标和评核时限进行评估；接着推行"双向评核"，即员工不仅自我评估，还要为主管评分。

以管理类辅助决策人员为例，根据时间划分，对管理辅助决策人员的评核分为三个层面：月度评核、季度评核和年终考核。其中，月度评核和季度评核是定期工作评核，而年终评核称为年终考核。评核与考核在集团绩效管理制度中含义接近，但仍有些微差别：评核是对受评人所完成的案件数量、质量和时效等按专业标准进行评分，作为月度发放效率奖金的依据；而考核则是对受评人整体工作绩效进行广泛的检查和衡量。

评估过程对每名辅助决策人员的整体工作绩效至关重要。年终考核结果不仅与其年终奖金挂钩，而且与职务晋升、薪资调整等多个职业发展方面相关联。管理类辅助决策人员的月度评核通过电脑在线完成，部门主管主要从质量、时效、创新、困难度和贡献度五个方面对完成的专案分析与改善结果进行评分；年终评核则在定期工作评核数据的基础上，再根据这五个方面进行评分。这种评核方式可被形容为"按件论酬"，是该集团通过多年强调管理改善和异常管理所积累的一套具体做法。

表 7-3　总管理处总经理室定期工作评核记录表

日期	案件内容摘要 / 加减分数 / 评核项目	工作品质	工作时效	工作协调	主动性	领导统御	合计	加减分理由及沟通结果
加减分数合计						评核分数合计		
复评主管评语					初评主管评语			

注:本表仅记载绩效显著或重大异常案件,同一案件每项评核项目至多加(减)4 分。

　　"按件论酬"是一项额外的评核项目,它并不代表辅助决策人员全部的工作内容。也就是说,除"按件论酬"外,辅助决策人员日常职责。两者之间的区别在于,如果他完成了日常职责,就能获得正常的效率奖金和年终奖金;但如果同时也完成了"按件论酬"项目,那么在日常职责的基础上不仅能获得更多的奖金,同时也为未来的晋升奠定了更为坚实的业绩基础。

为了完成"按件论酬"项目的绩效评核工作,辅助决策部门的主管将随时通过管理信息系统(MIS)在线实时完成评核任务,根据受评人的工作表现酌情加(减)分并说明理由。每月底,所有评核内容将由电脑自动汇总并逐级向上呈报,直至提交给总管理处总经理室最高主管。

在这一阶段,辅助决策部门的主管还需要根据评核内容向受评人解释情况,并及时提出表扬或改进建议。如果是加分,评核结果将通过NOTES系统向全体成员群发,以促进相互交流和学习;如果是减分,则通常只向受评者本人发出通知。换言之,在一个机能小组内,主管的评核结果中加分部分通常是公开的,而减分部分则尽量保密。从宏观设计到微观细节的角度来看,这些小细节的激励作用至关重要,不仅使管理过程变得简单易行,还常常用来解决重大问题。

自职位分类制度实施以来,管理类辅助决策人员的工作高度分工,业务之间几乎没有重叠或很少重叠,每月处理的案件数量成百上千,为企业创造了可观的直接和间接效益。总体而言,绩效评核手段具有如下几个显著特点。

(1)目标明确并配有具体的执行计划。

(2)目标执行过程受到严格的控制。

(3)评核项目设计完整,重点突出。

(4)评核标准经过双向沟通,确保科学合理。

(5)电脑系统客观记录并实时跟踪。

(6)主管评核及时认真,准确细致。

(7)评核过程在企业内部实现了完全的公开透明。

总经理室在成为利润中心后开始独立核算损益。如表 7-4 所示。在这段时期内,该集团的营业总额从 2002 年的 1 565 亿多元迅速增长至 2011 年的 5 042 亿多元,仅 10 年时间就增长超过 3 倍。尽管营业额与员工数量之间并非必然联系,但业绩增长所带来的管理和审核等业务量的增加,通常会导致辅助决策人员人数的增加。然而,事实表明,总经理室的员工数量并未增加,反而经历了一个倒 V 字形变化:2011 年的员工数量仅比2002 年多了 3 人,最高时也仅为 239 人,这反映了该集团的人员利用效率。

表 7-4　总管理处总经理室 2001—2011 年的人数变化及改善效益

年份	人数	改善效益(亿元)	集团营业额(亿元)
2001	182	7.330 12	1 306.592 78
2002	207	10.627 56	1 565.891 87
2003	210	12.699 60	1 969.313 60
2004	225	19.183 08	2 678.334 50
2005	239	34.534 00	3 189.431 02
2006	235	44.114 40	3 663.524 91
2007	220	14.704 80	4 458.555 52
2008	209	21.678 44	4 850.939 74
2009	207	10.070 56	3 932.420 00
2010	203	10.404 76	4 868.180 00
2011	210	15.974 76	5 042.492 04

　　根据表 7-4 显示的数据,从总经理室通过管理改善所取得的直接经济效益来看,2002 年为 10 多亿元,人均 500 多万元。2006 年达到最高点,为44 亿多元,人均1 800 多万元。尽管 2011 年有所下降,但仍高达近 16 亿元,人均 700 多万元。这些数据显示,该集团在 2002—2008 年期间一直在积极推进全面的管理合理化,包括人员合理化。

　　这些合理化措施的实施过程看似平稳,但其效果却令人瞩目。在这段时间内,管理类辅助决策人员承担了成千上万的各种管理改善案件。如果没有集团领导最初提倡的以“计件方式”为基础的绩效评核制度,以及以效益分享为基础的激励机制,那么这一切都是难以实现的。在“计件方式”和

"计时方式"之间存在着根本差异,前者注重于"你在 8 小时内做了什么事",而后者则关注于"你是否在 8 小时内都在办公室工作"。换句话说,如果企业采用"计时方式"笼统地评价辅助决策人员的贡献度,通常会很难实现;但是如果具体到处理某个异常案件,员工的努力程度却是可以观察和衡量的。因此,主要采用"计件方式"实施绩效评核,一方面可以清楚记录事实,为整个绩效评核工作提供及时、准确和公正的方法和制度基础;另一方面也可以引导辅助决策人员关注异常情况,协助基层解决实际问题,不断优化各项管理制度和流程。

这方面非常关键,如果没有大量辅助决策人员每天不断发现制度漏洞,那么管理改善和制度合理化就毫无意义。为了加强"计件方式",公司还要求辅助决策人员要做好"员工自我评估"和"员工对主管年度意见调查"等任务。作为一个主管或员工,优秀的业绩是他应尽的责任,但他的品格特质和工作行为可能更为关键。也就是说,他是否真正理解了"勤奋诚实"的企业文化,扎实地完成每一个管理改善工作,对公司来说也是至关重要的。举例来说,即使一个主管业绩出色,但如果他的言行不符合企业规范,或者不尊重企业的规则,那么他在公司的前景也会受到影响。从这个角度出发,用"管理即激励"这句话来评价关于薪酬设计和效益分享的基本理念。

此外,将员工自我评估与年终考核相结合,帮助员工在自我评估时做到有所反思、有针对性,人事部门在设计相关表格时,应将评估内容划分为 5 个方面的指标,如表7-5所示。员工可以针对自己在上一考核期间的表现逐项进行自我评价。这种设计简洁明了,可以引导员工审视个人表现,更全面和客观地认识自己的价值,并且为未来设定更具挑战性的工作目标树立信心。自我评估与他人评估之间必然存在差异,而且这种差异有可能成为影响员工积极性的主要原因。

表 7-5　员工自我评量和主管评核

评量要求	评量项目				
自我打分		非常满意	满意	普通	需再加强
	工作品质及时效	○	○	○	○
	领导及规划能力	○	○	○	○
	执行及协调能力	○	○	○	○
	表达能力（口头及书面）	○	○	○	○
	整体工作表现	○	○	○	○
补充说明	请参照上述评量项目于 200 字内扼要补充说明，并自我评述工作表现上应检讨之处、个人自我期许和未来改善重点。				

主管评核

* 以下各项，主管约谈处理结果及评语，请勿超过 150 字。

约谈项目	结果及评语
工作品质及时效	
领导及规划能力	
执行及协调能力	
表达能力（口头及书面）	
整体工作表现	
未来改善重点	

　　因此，在自我评估过程中，更多的是采取积极的激励措施，帮助员工准确认识自我，从而自觉采取行动来加强优势或弥补劣势。为了减小员工的自我评估与主管评估之间的差异，主管应当逐项就自我评估的内容与每名员工进行约谈，并认真填写评语。尽管自我评估并不直接与薪酬挂钩，但这样做至少可以让部门主管直接了解员工的内在动态，并将其作为员工年终考核的重要参考。

　　在公司发展的初期阶段，下属评价上级主管仍然难以被大多数主管所接受,但随着企业人事制度改革的不断推进,可以开始尝试推行员工直接对上级主管的工作绩效进行"评核"。然而,在具体实施上,并不急于建立员工对主管实施绩效评核的管理制度,而是将其称为"意见调查",其中包括领导能力、专业能力、培训和发展、沟通协调和工作态度5个主要指标,以及部门目标、决策能力、部门间沟通等26个次要指标。

通过调查赋分和意见反馈,管理系统可以为各级主管提供与其管理能力和方式密切相关的信息和数据,使他们清楚地了解自己在哪些方面得到员工的认可,又在哪些方面需要加强。与自我评估作业类似,调查结果与主管的薪酬也没有直接的联系,仅作为上级主管了解下级主管管理水平变化情况的重要参考。

换言之,这种绩效评估方法对于开发各级主管的管理潜能所起的作用远远超过了它给这些主管带来的任何困扰和束缚。在连续生产的企业中,需要这样一群领导者:他们对待下属公平公正,不偏袒任何人,亲切对待下属,没有架子,同时对员工的培训和发展计划非常用心,愿意分享自己的专业经验,不保留私藏。

在每年12月进行的年终考核中,还有一个与薪资调整、职务晋升和年终奖金密切相关的项目——考绩等级。年终考核对于各级主管人员是分开进行的:无论是直线生产体系还是直线辅助决策体系中的普通员工,都采用工作质量、时效、执行力、协调这四项指标进行评定;而主管则加上计划和领导力两项内容。

在操作上,厂长以上的高级管理人员主要根据其职责范围内的整体绩效综合考核评定,旨在培养他们的全面经营理念。而中级管理人员和员工主要分为两部分进行评定:一是工作绩效占年终考核的80%,主要参考其平时的工作表现(定期工作评核);二是考勤成绩占年终考核的20%,主要根据全年的出勤记录情况并按一定标准扣分。

由于上述各项电子化计分工作系统的完善和准确无误,随后的评等过程变得简单而易行。表 7-6 显示,全体主管和员工的年终考核根据得分高低被划分为优、良、甲、乙、丙五个等级。为了避免人员过多,年终考核制度规定,优等者的人数应限制在公司员工(各职级)总数的 10% 以内;而优等和良等者的人数总和应限制在公司员工(各职级)总数的 30% 以内。

表 7-6　年终考绩等级划分

等级	优	良	甲	乙	丙
分数	90 分及以上	85～89 分	75～84 分	60～74 分	60 分以下

另外,为确保绩效评核作业的严肃性,并防止评核异常的发生,任何人的年终考核与定期工作评核之间的差异(同职级内排序)不得超出预先设定的标准。一旦超出,即可被系统识别为异常情况,此时部门主管必须详细说明具体原因,并经上级主管核准后方可处理。

考绩等级对每个人都至关重要。人们普遍认为这种管理类型属于压力管理型。从考绩等级的角度来看,确实存在一定压力。每年年终考核后,系统将自动生成一份"考绩异常人员检讨处理提报表",规定应将考绩为乙等及以下的人员列入,分发至各部门进行逐一检讨,并按照"考绩异常人员进一步处理的原则"进行降职、降级或解雇手续。通常的处理方式是,对考绩为乙等者降低一个级别,而对丙等或连续两年为乙等者则降低两个级别。若各部门未按规定进行进一步处理,那么该部门主管必须向上级解释具体原因。

因此,考绩等级的确会给员工带来一定的压力。当然,与此相对应的是一套主管和员工的职务晋升计划。如果某人最近两年年度考绩均为甲等及以上,那么他/她就有资格晋升;或者最近两年均为优等或最近三年均为良等以上,如果确实具备发展潜力,而不仅仅是业绩突出,那么经部门主管推荐及公司人事评议委员会审查通过,其晋升资格中的年资条件可以提前一年。

大多数公司都是年终只做一次考绩了事,导致那些平时表现一般的员工,在年终考核前表现得特别勤奋和积极,而主管则只能根据这段时间的印象完成评分。因此,也需要重视定期工作评核,每个人每月的具体工作表现由主管逐月记录在信息系统中,到年底时再依据月度考核结果评定年终考绩。这种"由点到线的接力式考核方式",让每个员工随时都紧绷神经,时刻关注每天、每周、每月的自我工作表现。因为考绩不仅影响当年度年终奖金的数额,还会影响次年度薪资调整的金额,同时也在长期内深刻影响其日后职务晋升的资格。

案例　效益分享理念和思想

一、"经营津贴"与效率奖金

某大型企业集团的薪资架构涵盖了四个组成部分,包括基本工资、津贴、奖金和福利,所有这些都计入了企业的成本。这四个方面的性质各不相同:基本工资是针对"工作"而支付的,具有报酬性质;津贴是为了"辛劳"而支付的,具备弥补性质;奖金是为了"贡献"而支付的,具有激励性;而福利则是基于"法规和价值观"而支付的,具备额外和保障性质。

这种构想和设计意味着该集团的薪酬制度包含了多个层次的激励机制,其中一些是指劳动收入,一些是指劳动收入与绩效分享后的混合收入,而另一些则是指净福利性收入。从实施效果来看,激励机制的层次性可以使不同部分相互补充,促使企业财富的分配更趋于公平,从而发挥调和劳资关系的作用,并最终实现提高劳动生产率的终极目标。

除了公平性和科学性,可操作性的解决方案包括强化薪酬与绩效之间的"联系"与"接驳"。这也是确保员工全面接受且能够长期有效运行的关键所在。如图 7-5 所示,某大型企业集团的薪资结构由辅助决策人员综合汇总而成,大致包含了"固定项目"和"变动项目"两个部分。在其中,效率奖金、经营津贴和年终奖金的计算和分配最为频繁,并且这三项的总额占据了员工年度总收入的很大一部分甚至绝大部分,因此可以视为"变动"项目的主要代表,同时也最能体现集团的薪酬设计与经营绩效之间的密切联系。

"固定"并非意味着某个收入项目永远不变,而是在一段时间内,例如一年内保持相对稳定,或者说相对于"变动项目","固定项目"与绩效及其评估之间的关系更为间接和宽松。而"联系"和"接驳"有助于将薪酬分配过程与企业的经营绩效紧密相连,并尽可能地将这种"联系"建立在可量化的基础之上。

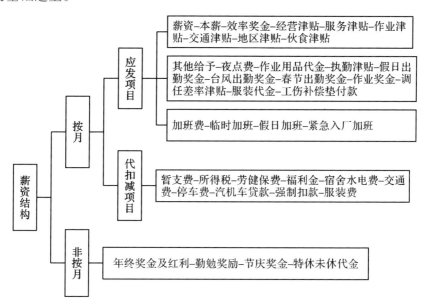

图 7-5　某大型企业集团的薪资结构

该集团薪酬体系设计的另一个显著特点是具有可量化的基础。在近几十年来,这种趋势一直在逐步改进和加强,任何可量化的方面都必须全部量化;对于不可量化的方面,也要尽可能进行数字化处理。集团各项管理制度之间的"严密"与"勾稽"功能已经确保企业的薪酬体系建设始终保持或突出这种趋势,同时企业自行开发的信息化系统也能够很好地吸收大范围和高密度的量化作业所带来的成本或费用支出。

薪酬与绩效之间的"联系"与"接口"是对全体员工的一份财务与管理承诺。根据对该集团上百位主管和员工的访谈结果,效率奖金和经营津贴(特别是主管特别酬劳金)由于与个人绩效和企业经营指标之间的联系最为密切,因此对于主管员工的激励作用也最强。相比之下,福利性收入的保障作用大于激励作用;而年终奖金则处于两者之间,既具有"人人有份"的性质,又与企业每股收益及个人年终考绩密切相关。

截至 2008 年,该集团共有约 2 500 名高级管理人员。其中,约有 2 160 人担任厂长级职务,约有 230 人担任事业部经理级职务。这些主管被视为企业的经营者,主要负责经营任务,并享有相应的经营津贴。经营者在该集团是相对于董事会的一个基本概念,即受董事会委托,负责全企业的生产和资产经营与管理。虽然没有明确规定厂长级主管是劳资双方的分界线,但由于存在工会,一般将厂长级及以上主管视为资方,以下则为劳方。

将这些主管统称为经营者的主要原因可能并不在于职务的定义本身,而在于他们从 20 世纪 60 年代开始在企业内推动分权化改革(管理变革),并大力推行事业部制度和利润中心制度。自那时起,该集团开始培养一批能够在其可控范围内独立承担经营风险,并能全面负责所在单位"经营指数"的高级管理主管。随着企业规模的扩张,这些人的数量也逐渐增多,其作为经营者的特征也日益显著。

举例来说,像厂长这样的职位在企业内通常具备双重身份,既是工厂主管,又是利润中心主管。他们不仅是经营者,也是管理者,在企业中扮演着至关重要的角色,因此被视为一级主管(如今在该集团,一级主管及以上主管根据职位级别已被称为经营主管、资深经营主管或高级经营主管等)。

作为厂长,他们的工作涉及生产制造等技术活动,以及计划、组织、指挥、协调和控制等管理活动,是整个集团贯彻执行六大管理机能的交汇点。从厂长往上,是经理级以上主管,其角色更偏向于经营,主要享受经营津贴;而从厂长往下,则是基层主管级人员,其角色更偏向于管理,主要享受效率奖金。

经营津贴是经营者或高级管理人员获取报酬的主要形式之一,理论上属于高管薪酬的范畴。"津贴"中的"津"指的是通过奖金等手段激励人们在工作中表现出极大的热情和活力;而"贴"则表示通过提供补贴来确保员工的收入丰厚,从而使工作更具吸引力。这两者的结合反映了该集团各项管理制度的一个基本原则,即高管承担着经营责任,因此应具备"经营视野",除薪资和福利外,企业还应为他们具备经营视野所支付一部分的补偿性收入。

所谓"经营视野",即高管除了负责本部门的日常管理工作,还需以整体视角考量本部门乃至整个企业的总体目标,因为这种经营责任需要高管主动承担,因此企业需要进行相应的补偿。以厂长级主管为例:近年来,其每月的经营津贴通常根据职等划分为三档——3 100多元、3 500多元和4 000多元,而且无论公司经营状况如何,这一标准在一段时间内(通常是9年内)保持不变。如果受评者表现正常,则在9年后可晋升;例如,从3 100多元提升到3 500多元。这意味着经营津贴在相同等级下具有"均等性",除了不同等级之间的差异,其发放过程与经营者的定期评核和年终考核通常没有直接关联。只要处于某个等级,就能享受相应金额的经营津贴,除非受评者因年终考绩突出而获得核准的晋升;或因本部门下属的某些行政疏失而受到影响,并因此承担连带责任。

这是值得特别关注的一点:为了维持稳定的管理队伍,创始人建议将经营津贴尽可能视为厂长级及以上主管的一种"固定性"收入。如果说管理层关注企业产品的生产销售管理过程,那么经营层则着眼于企业经营本身。他希望这些经营者不仅要具备"产品经营观",还要具备"企业经营观"。一个合格的经营者,尤其是一位高级经营者,日常工作不仅包括研究市场、发现机会和预测风险,还应该具备全局视野、科学决策能力、提高效率的能力及培养下属的能力。通过经营层的努力,企业的所有资源都能得到充分利用,并最大限度地发挥作用。因此,经营津贴对于经营者的激励作用非常重要,理论与实际操作上也应该与其他员工群体有所区别。

在这里,主要以效率奖金为例来深入探讨效益分享的理念和思想。与"经营津贴"类似,效率奖金制度也强调两个核心要点:其一是效率,即员工完成的实际工作量与标准工作量之间的比值,在保证质量的前提下,衡量员工在单位时间内的实际工作完成情况;其二是奖金,指根据员工绩效考核结果发放的一次性奖励金或补偿性工资,具有激励性和约束性。所谓激励性,是指以正向激励为主,将个人收入与个人工作业绩挂钩,鼓励员工在不增加企业固定成本的情况下创造更多价值;而约束性是指以负向激励为辅,将个人责任承担和履行情况与惩罚措施挂钩,并与正向激励相结合,促使员工始终保持良好的职业道德和行为习惯。

该集团全面推行效率奖金制度还有其他积极的激励效果:首先,确定了效率奖金的发放对象为主管及以下人员,并通过追求人岗匹配来实施"适才适所,适所适酬"的用人策略;其次,效率奖金制度构建了严格的绩效工资体系,若能持续推行,将逐步提升员工工作能力和方法,并通过持续奖励绩效优秀的员工以增强其归属感;再次,当石化产业市场波动时,企业可灵活应对,例如在市场低迷时,通过降低奖金发放额度控制工资成本,避免或减少裁员,以提升员工的安全感和忠诚度;而在市场复苏时,凭借先前积累的人才储备,迅速扩大产量,积极应对市场竞争。

为了确保效率与奖金之间的紧密联系,需要辅助决策人员采取两方面措施。一方面,他们应根据效率提高情况辅助各公司合理确定评核项目和计算奖金,通常按照年度预算原则,每月发放一次,且不允许不同月份的工作绩效相互抵消。另一方面,他们应事先设定各项任务指标,特别是主管级及以下人员从事生产和生产管理活动,因此需要以生产和生产管理效率为核心设定任务指标,这是这些主管和员工必须完成的重要经济指标。

为确保效率与奖金能切实联系在一起,该集团要求分开进行生产部门和销售部门的绩效评核。这意味着两个部门的责任被清晰地划分,生产部门完成生产任务即可获得相应奖金,与销售部门的绩效无关。同样,销售部门只需完成销售任务即可获得奖金,与生产部门无关。

表7-7　生产部门绩效评核项目及标准设定原则

评核部门	评核项目		评核内容说明	评核方式
	序号	项目		
生产部门	1	产量或其达成率	依生产部门的生产设备与产销目标制定目标产量或产量达成率,作为评核基准	评核项目可视管理需要择项纳入评核,其评核项目的标准及百分比由各公司自定
	2	品质达成状况	以各制程管制基准为目标值,如品质不良率、成品A级率等。若品质很难拟定管制基准,可由客诉案件处	
	3	收率或主要原料单位用量	即产出量与投入量的比例,依机械性能、配方、操作技术等制定目标收率,作为评核基准。收率超出标准愈大,其奖金额愈高;反之,则愈低	
	4	工缴成本管制绩效	一般以可控制的直接人工、间接人工、主要器材、消耗品及修护费用等工缴成本项目的管制绩效为主	
	5	管理作业绩效评核	如自主检查、操作标准、机台清洁、制程进度管制、5S、TQC、TPM,以及改善案提报等,一般由主管、厂长及经理室人员担任评核人员	
	6	规章表单执行绩效及正确性评核	为能真正反映绩效数字,各项表单填写的正确性须列入评核,以防止出现虚报工作量或绩效的行为	
	7	其他	视实际情形增减评核项目	

然而,仅仅口头上划分责任远远不够,关键是通过不同的绩效评核指标将效率与奖金密切结合起来。如表7-8所示,产销两个部门的绩效评核

指标各不相同,这可促使这两个部门逐步"划清责任界限",并在各自的领域内将效率指标与奖金金额紧密联系起来。

表 7-8　生产部门和营销部门的绩效评核指标

部门	指标
生产部门	1. 产量 2. 收率 3. 品质 4. 能源耗用 5. 用人效率 6. 修护费 7. 其他制造费用 8. 规章表单执行
营销部门	1. 营业额 2. 应收账款回收率 3. 客诉案件 4. 新客户开发奖励 5. 新产品拓销奖励

在评估管理人员的绩效时,需要特别注意"排除市场风险",以确保他们不受外部环境因素的干扰,能够全身心投入工作。比如,在评估产量项目时,应考虑到外部不可抗力因素和内部产品试制等因素的影响。

"过程基础"是理解薪酬与绩效之间关系的核心概念之一。员工对企业的贡献主要体现在工作过程中,因此对工作过程的准确评价是有效激励的前提条件。换句话说,薪酬激励的有效性取决于对员工在工作过程中所做贡献的准确评估。

观察表明,效益分享理念中存在着一个严格的假设前提:企业需要依靠强大的会计核算系统,相对准确地区分出各责任方(例如劳资双方)的贡献程度。这意味着在完成的生产任务中,除去企业投入的生产条件外,集团应能够根据效率提高的程度相对准确地计算出主管级及以下人员的努力程度,并据此合理地发放效率奖金和各项经营津贴。

尽管准确区分员工的贡献度可能具有一定难度,但在足够长的时间范围内,充分记录详细的数据,并结合适当的方法和企业主的愿意,企业完全有能力实现这一目标。主要的挑战在于确定绩效评核项目,以及设定每个项目的评核标准。在这一过程中,"标准"是至关重要的,它不仅是衡量员工绩效的尺度,也是经营者评定员工贡献的主要依据。因此,对制定各绩效评核项目的标准值必须给予重视,并且要客观审慎地进行,以确保实施效率奖金评核制度的有效性。这也是本案例多次强调"标准"一词的重要性,并认为"管理合理化的核心即是标准合理化"这一观点正确的主要原因。

在确定标准之前,辅助决策人员需要执行两项任务。首先,针对不同的生产单位,甚至是在上下两道工序中的不同制造部门,根据其生产特性和管理实际情况,采取不同的效率奖金评核方式。其次,在任何受评单位内,必须严格区分绩效评核的对象(包括团体评核和个人评核),并根据评核对象从事工作的内容和特点,采取不同的效率奖金评核方式。

确定评核对象及评核方式等栏目为辅助决策人员合理设定评核项目及标准奠定了制度基础。基层主管可以轻松判断如何结合本单位的实际产销特点,以及采取何种方式对自身及周围每一名员工进行绩效评核。如表 7-9 所示。这种做法的优势在于引导基层主管和员工将绩效评核的注意力集中在前端的评核方式和项目上,而不仅仅是后端的金额分配。当然,如果每个项目设定的评核标准都能做到合情合理,那么这将更能让主管和员工感受到"规则公平"比"金额公平"更为重要。

表 7-9　某大型企业集团效率奖金评核对象及方式

	个人绩效评核	凡绩效的评核能以个人或机台班的绩效加以衡量者,以个人或机台班为单位实施评核
评核方式	团体绩效评核	凡绩效评核以团体绩效衡量较为适当者,以组、部门或厂等团体为单位实施评核
	混合绩效评核	凡绩效评核依工作种类及特性需求,可采用个人、机台班及团体绩效混合评核方式,或依据生产(或营业)部门绩效平均值计算方式实施评核

续　表

评核对象	直接人员	论件计酬	凡以手工生产为主的三次加工业,如皮包、成衣、拉链等,由于效率高低主要决定在人,故适用论件计酬,其奖金额以总所得的40%～50%为原则,以加重员工的切身感
		论件计奖	凡以机械生产为主的制造业、原料业及二次加工业,其制程可区分为个人绩效者,适用论件计奖方式,由于其工作较为稳定(产量、品质、用料等),其奖金额以总所得(底薪＋效率奖金＋其他津贴)的20%～30%为原则
	基层主管		班长、领班、值班主管等直接生产单位基层管理实施"基层管理人员职务绩效评核办法",除以其负责的组、班评核其当月奖金外,并视其全组、全班的绩效来判定其等级。绩效优良者予以奖励,而绩效连续不佳者则考虑予以更换,以便提高基层管理人员的素质
	间接人员		间接人员包括生产厂值班主管以外的厂务人员、厂长,以及品管、技术、保养等部门的人员。间接人员除可单独区分绩效者依其绩效项目评核外,大都采用其所负责部门绩效奖金的平均额计算

二、效益分享制度:关于"基数"和"标准"

从理论角度来看,发放效率奖金可归类为外部激励的一部分。外部激励通常指企业基于绩效给予员工的各种奖励,例如奖金、奖励、礼品和表彰等。企业主要根据财务报表获取员工达成目标的各项指标,如利润中心的利润或成本中心的成本等,作为评定员工绩效并给予报酬的主要依据。然而,无论是财务性还是非财务性的业绩指标,激励机制的实施方式都不应仅仅依赖于事后的奖励,而应该积极创新,引进或学习他人的经验,以建立适合集团自身需要的基于效益分享的激励机制。

美国的实践表明,他们将外部激励与内部激励相结合来运用。所谓内部激励,是指员工在达成目标后所获得的自我激励,即实现个人价值观后的满足感。内部激励主要取决于企业如何提供工作设计、企业文化和管理风格等必备条件来满足员工的内心体验。① 鉴于员工的内心体验是一种独立完成的心理过程,其激励作用的重要性甚至超过外部激励,因此外部条件的设计和建设显得非常重要。企业经营者不应仅仅计算投入和产出比,更加关键的是要了解产出和激励之间的联系。这种联系实际上指的是相对于员工内心体验而独立存在的外部条件。这意味着未来激励机制的设计重点应该是将内心体验视为外部条件发挥作用的核心,以此激发员工的工作动机,增强其工作满意度。

关于经营企业的重要性,企业经营必然与追求盈利紧密相关。没有经营盈利,企业不仅无法展现前景,而且可能陷入无法持续发展的困境。然而,企业经营不能仅仅关注眼前的盈利,更不能将其视为唯一目标。对于社会而言,企业不仅要致力于提供物美价廉的产品以促进经济发展,还必须有能力关心员工,确保他们在工作之余能够享有稳定的生活,避免陷入困境。因此,企业追求永续经营不仅是经营者的理想与愿望,也是一项至高无上的责任。

以某制造部门为例,来审视企业主管如何指导辅助决策团队,共同确立绩效评核标准并完成整个评核过程。该制造部门根据管理需要,在某一时段设立了 10 个评核项目,分为一般性和特定性两大类,如表 7-10 所示。这些项目通常也代表了该制造部门的年度经营目标。一般性项目指的是为了确保生产任务完成而实施控制的常规项目;而特定性项目则是针对某个时段的管理需要而特别设定的评价项目。这两类项目共同反映了如下四个主要原则性评核问题。

(1) 针对目前单位在产量、质量或原材料成本等方面的主要问题或瓶

---

① 进一步的观点请参见这些以 Human resource management 为主题的学术著作:DESSLER G. Human resource management[M]. Zagreb:MATE, 2015;JOHN M I, ROBERT K. Human resource management [M]. New York:McGraw-Hill, 2013;HARRIS M. Human resource management:a practical approach[M]. Fort Worth, Texas:Harcourt Brace College Publisher, 1997.

颈,必须设立评核项目,这些项目是最容易影响工作绩效的。

(2) 在设定评核项目时,应全面考虑管理需求,避免过分偏重某一项目而忽视整体规划,同时也要兼顾单位长期和短期的管理需求,着重设定具有明确指向性的评核项目。

(3) 根据该制造部门阶段性工作目标的要求,可以为已设定的评核项目确定不同的权重,以鼓励管理人员和员工专注于实现绩效目标。

(4) 同时要考虑到将来评核工作的实施难度,确保评核工作简便易行、常规化并能够完全实现电脑化。

表 7-10　某制造部门效率奖金评核项目

评核项目	一般项目	1. 产量;2. 收率;3. 电力;4. 蒸汽;5. 品质;6. 工安及环保;7. 个人作业检核;8. 主管评核
	特定项目	1. 用水;2. 废水

在确定了该制造部门的实际管理情况下设定了评核项目之后,下一步是确定评核方式和奖金核发标准。以"产量"评核项目为例,其基本做法如表 7-11 所示。对于其他项目,其评核方式和奖金核发标准与产量项目相似。

表 7-11　一般评核项目的评核方式与奖金核发基准
——以产量项目为例

方式	细则
评核方式	1. 设定产量项目每基数基本奖金为××元 2. 设定基准产量为×× MT/月 3. 从当月会计报表中撷取实际产量数据 4. 剔除风险因素
奖金核发方式	5. 设定产量达标率:实际产量÷基准产量×100% 6. 计算实际达标率 7. 实际达标率每增减 1% 每基数基本奖金增减××元 8. 设定实际达标率上限为 120%,超过 120% 视为 120%,减发奖金最多减至产量项目每基数基本奖金为零时止 9. 若因改善而提升产量,每次改善后给予×个月的成果享受期,×个月后立即调整基准产能 10. 若纯属设备投资而提升产量,于产销会报告后即提升基准产能

就评核方式和奖金核发方式而言,它们主要包含 10 个步骤。首先,要求该制造部门为某个产品设定一个标准产量和基准达标率,例如将标准产量设定为每日 1 000MT,基准达标率设定为 100%。如果该制造部门同时生产多个产品,则应以每个产品为参照标准,并计算出一个折合率,以确保每个产品的评核标准一致。

每到月底,该制造部门会自动从当月会计报表中提取实际产量数据(其他产品的实际产量按折合率计算),并与标准产量进行对比,以计算出产量差异和达标率差异。这两项差异的计算不仅为后续奖金计算提供参考,还为进一步分析产量和达标率差异的原因提供依据。如果产量减少是由于外部因素(如不可抗力或内部试产等)导致的,责任应归于其他方(或厂方),因此应根据实际受影响的产量进行调整(即评核时"多退少补",并排除非可控因素的影响);如果产量减少是由于内部因素导致的,责任则应由该部门和员工承担,因此他们应当为减产造成的效率损失负责。对于部门和员工来说,产量减少只会影响产量项目的奖金,不会涉及其他评核项目(除非产量减少与其他项目有关)。

在讨论"标准"之前,首先需要探讨"基数"的概念以及它与奖金之间的关系。实际上,"基数"和"标准"是理解效益分享理念的两个核心术语。所谓"基数",是指根据职位评分确定的一组数字序列。该集团实施了职位分类制度,并对所有职位进行了评分,如表 7-12 所示。在主管级及以下职位中,最高评分为 130 分,最低评分为 15 分。薪酬设计者可以选择一个职位作为基准,将其评分设定为 1,从而推算出每个评分所对应的效率奖金基数。

表 7-12　职位评点与效率奖金基数对照表:以主管级及以下人员为例

职位评点	130	125	120	115	110	105	100	95	90	85	80	75
效率奖金基数	4.8	4.7	4.6	4.5	4.3	4.1	4.0	3.7	3.5	3.4	3.3	3.2
职位评点	70	65	60	55	50	45	40	35	30	25	20	15
效率奖金基数	3.1	3.0	2.9	2.8	2.6	2.5	2.4	2.2	2.0	1.7	1.6	1.5

随着企业的不断发展,这些基准和基数会不断进行调整(例如,企业可能会主动提高或者在劳资协商中被要求提高),直至被全体员工和工会所认可。于是,该集团形成了一套通用的职位等级与效率奖金基数对照表。尽管这个对照表表面上是一组经过计算得出的数字,但实际上它也是企业主动提升或者在劳资双方长期"谈判"后达成的结果。以前述例子为例,产量项目的每基数基本奖金标准被设定为大约20元。换句话说,当实际产量达标率与基准产量达标率相等时,该制造部门中的每位员工都可以使用相应的效率奖金基数乘以大约20元来计算他们的奖金收入。

如果实际产量的达标率超过了基准达标率,那么每超出一个百分点,每基数奖金的金额就会相应地增加一个比例。当然,如果低于基准达标率,每基数奖金也会相应地减少,但只会减少到该项目的效率奖金数额为零为止。这么做的原因在于,在设备和技术保持不变的情况下,实际产量的超出或低于标准产量都与员工的努力程度密切相关。如果不考虑员工的努力,即使设备再先进也无法完成生产任务;相反,如果不强调设备的贡献度,员工再怎么努力也难以实现企业目标。

根据表7-13的数据,如果实际产量与标准产量完全相等,那么超额效率奖金将为零,员工将只领取每基数大约20元的效率奖金;如果实际产量超过标准产量10MT,那么该制造部门可从所节省的总工缴成本中按照10%的比率提取约3 375元的超额效率奖金。就个人而言,超额效率奖金的发放涉及将按照个人职位评点所对应的效率奖金基数来进行,即单位或个人实际达标率每增减1%,每基数效率奖金都会相应增减。"结余提拨率"是一个重要概念,它和效率奖金基数一样,都是员工与企业分享或共享超额经济效益或低于标准经济损失的分配比例。换句话说,如何确定一个合理的分配比例就成了解决劳资矛盾、提升员工工作积极性的重要控制指标。

表 7-13　产量绩效评核与奖金提拔计算简表

基准产量:1 000MT/日	实际产量:1 010MT/日	标准工缴:111.4 元/MT
产量提高(MT/日): 　−30　−20　−10　−5　0　+10　+20　+35　+50		
结余提拔率(%): 　−15　−10　−5　−2　0　+10　+18　+28　+40		
A. 节省工缴成本: 1 000MT×111.4 元/MT÷1 010MT=110.286 元/MT (111.4 元/MT−110.286 元/MT=1.114 元/MT) 1.114 元/MT×1 010MT×30 天=33 754.2 元/月 B. 提拔奖金: 33 754.2 元/月×10%=3 375.42 元/月		

注:金额均为人民币。

　　为了维持生产的平衡,该集团特别设立了达标率的上限和奖金减发的下限:当实际产量达标率超过特定百分比,如 125%时,绩效评核仍按照 120%计算;如果低于基准达标率,员工将按照"负的结余提拔率"来承担效率损失,其效率奖金将被减少,但最多减少到该单个项目效率奖金为零时止,并不牵涉其他绩效项目。需要注意的是,为了准确衡量员工的贡献度,该集团甚至将管理改善和设备更新所带来的效益增加进行了区分。如果是由于企业引入了新设备导致产能提升,产量标准经过协商和计算后会相应提升,但为保障员工收入,企业会保持原定产量项目每基数奖金标准不变。换句话说,虽然产量标准提高了,但绩效评核的标准保持不变,因为新的产量标准的实现不仅仅依靠机器,企业仍需要员工的努力,这样员工就有机会通过标准提升获得比原来更多的收入。如果是由于管理改善导致产量提升,那么该制造部门可在一段时间内与企业分享因效率提高带来的(部分或全部)效益。一旦期限结束,标准产量将按计划提升到一个新的水平。显然,如果员工能够持续从标准提升中获得更多的合理收入,那么这将激励企业不断提高生产效率和管理水平。

　　一旦生产完成,会计部门能够立即根据预先设定的评核指标进行综合汇总,并计算出该制造部门中每名员工的全面效率奖金。只要主管或员工按照具体的评核要求,认真履行各自的职责,实现了预先设定的生产或管理目标,就有机会获得相当可观的效率奖金。个人作业检核主要涉及与作业纪律要求相关的记录与分数加减,每月通过电脑自动从日常记录中提取并统计完成。个人实得效率奖金的计算公式如下:

个人实得效率奖金=(产量效率奖金+收率效率奖金+电力效率
奖金+蒸汽效率奖金+品质效率奖金+工
安及环保效率奖金+主管评核效率奖金+
用水效率奖金+废水效率奖金)×个人效奖
基数+个人作业检核赏罚金额

为了避免目标管理可能导致的不利影响,例如主管权威减弱或员工只关注个人事务等问题,该集团管理层已经发布了一系列应对措施。其中,主管的绩效评核也应设置相应的每基数效率奖金。这意味着,主管的评核结果与员工所得奖金的多少密切相关,这样做可以在很大程度上维护主管在员工中的管理权威。当然,为了确保主管评核的及时性和准确性,企业绩效评核的基本数据和资料都是从每名员工的定期工作评核和年度绩效考核结果中提取的。

主管的评核过程和最终结果通常采用计分制完成。如果总分为100分,评核过程包括项目评核和主管评核两个部分,两者在不同单位所占比例不同。比如,在甲单位,项目评核占80分,主管评核占20分,而在乙单位,则可能是项目评核占60分,主管评核占40分。各单位可以根据实际情况灵活设定项目评核的具体规则和标准。项目评核的内容主要是客观数据,每个项目的评核标准都以数字表示,通过与实际数据的比较,单位的绩效达成情况就能清晰呈现。此外,由电脑全程跟踪记录和汇总所有评核项目,极大地确保了评核过程的及时性和准确性,避免了主管可能因个人原因而造成的人为疏漏或错误判断。

尽管主管评核主要依赖主观判断，但企业要求各位主管尽量实现"主观因素量化"，即将主管评核内容细分为几个次要指标，赋予它们不同的权重，并通过电脑自动汇总，以确保主管管理职能的公平性和有效性。通常情况下，通过"主观因素量化"可以有效解决主管评核可能引起的"人事争议"等不公平问题。

对于主管级及以下员工的效率奖金奖励主要采用现金形式。在这种奖励方式中，"基数"和"标准"是决定员工是否及时和最终能够领取多少效率奖金的两个关键因素（不包括超额效率奖金部分）。其计算方法不是基于提取公司利润的一定百分比或利润超过股东权益收益率后的某一百分比，而是完全基于对员工履行责任程度和质量的细致评估，即以个人业绩实现过程评价为基础的全面效益分享制度。当企业的经营指数提高时，可以确定一个比例，首先计算指数提高所带来的责任效益，然后由劳资双方分享。

利润分享并非总是可行的做法，尤其是对于大规模生产和销售这种生产方式来说，可能并不完全适用。相对于效益分享，利润分享往往会导致员工无法清晰地看到个人努力和个人报酬之间的紧密联系。由于这种联系不够紧密，随着时间的推移，利润分享的效果可能会大幅减弱。因此，该集团更加注重推广效益分享制度，该制度将员工的收入纳入预算中，只要员工在完成目标过程中尽职尽责，就应该得到相应的收入。这一制度将激发员工的主动性，使每个员工，包括其所在的工作单位，都不会过于依赖他人或其他单位，在工作中更加主动，从而有利于发挥员工的潜力，同时也有利于各级主管履行其管理职责。

参考文献

[1] 奥村宏. 日本的六大企业集团[M]. 金明善, 译. 沈阳:辽宁人民出版社,1981.

[2] 彼得·德鲁克. 管理的实践[M]. 齐若兰, 译. 北京:机械工业出版社,2018.

[3] 陈定国. 关系企业与集团企业之管理[N]. 经济日报,1979-01-16(2).

[4] 杜丽萍. 双赢的策略:客户关系管理[J]. 中国中小企业,2001(8):38-39.

[5] 范锋. 客户关系管理(CRM):企业竞争力热点[J]. 互联网周刊,2000(24):37.

[6] 弗朗西斯·福山. 信任:社会美德与创造经济繁荣[M]. 彭志华, 译. 海口:海南出版社,2001:70-71.

[7] 贺新闻. 论管理信息系统中的关联与继承[J]. 攀枝花大学学报,2000(1):21-24.

[8] 洪贵参. 关系企业法理论与实务[M]. 台中:元照出版公司,1999:317-319.

[9] 黄德海. 严密组织、分层负责与效益分享[M]. 北京:清华大学出版社,2014.

[10] 金源,李成智. ChatGPT 对智能财务体系的影响:场景优化、技术革新与人员转型[J]. 财会月刊,2023,44(15):23-30.

[11] 黎光辉. CRM 营销理念悄然出现[N]. 中国企业报,2000-07-10.

[12] 李梦晨. 我国央企 ESG 信息披露现状研究[EB/OL]. (2023－08－17)[2024－03－15]. https://iigf.cufe.edu.cn/info/1012/7438.htm.

[13] 李新春. 信任、忠诚与家族主义困境[J]. 管理世界,2002(6):87－93.

[14] 刘运国. 高级管理会计:理论与实务[M]. 2 版. 北京:中国人民大学出版社,2018.

[15] 卢传敏,舒志军. CRM 与企业电子商务战略[N]. 国际商报,2001－03－09.

[16] 罗伯特·S.卡普兰,安东尼·A.阿特金森.高级管理会计:第 3版[M].吕长江,译. 大连:东北财经大学出版社,2012.

[17] 玛丽·奥沙利文. 公司治理百年:美国和德国公司的治理演变[M]. 黄一义,谭晓青,冀书鹏,译. 北京:人民邮电出版社,2007.

[18] 孙安彬. 浅谈现代企业管理信息系统[J]. 经济师,2002(7):96－97.

[19] 王倩. 对职位评价与薪酬设计的分析[J]. 北京市计划劳动管理干部学院学报,2006(4):24－26.

[20] 王全才. 开发管理信息系统加速企业信息化建设进程[J]. 山东冶金,2002(3):19－21.

[21] 许士军. 集团企业的管理与其社会经济意义[J]. 管理通讯,1973,9(5):1－2.

[22] 郑伯埙.差序格局与华人组织行为[J].中国社会心理学评论,2006(2).

[23] 郑玲,王青松,颜才玉. 高级管理会计理论与实务[M]. 北京：经济科学出版社,2022.

[24] 张明明. 论中国式的企业资源管理信息系统[N]. 经济科学,2001(2):123－128.

[25] BRADY R A. The meaning of rationalization: an analysis of the literature[J]. The quarterly journal of economics, 1932,46(3):527—528.

[26] BURNS T, STALKER G M. the management of innovation [M]. London:Tavistock Publications, 1961.

[27] CHANDLER A D. Strategy and structure: chapters in the history of the industrial enterprise[M]. Cambridge: MIT Press, 1962.

[28] CICCOLO J H, BAUM C F. Changes in the balance sheet of the US manufacturing sector:1926—1977[M]. Chicago: University of Chicago Press, 1985.

[29] DESSLER G. Human resource management [M]. Zagreb: MATE, 2015.

[30] FRIEDMAN B M. Corporate Capital Structures in the United States[M]. Chicago: University of Chicago Press, 1985.

[31] HARRIS M. Human resource management: a practical approach [M]. Fort Worth, Texas: Harcourt Brace College Publisher, 1997.

[32] JOHN M I, ROBERT K. Human resource management [M]. New York:McGraw-Hill, 2013.

[33] KAPLAN R S, COOPER R. Cost and effect: using integrated cost systems to drive profitability and performance[M]. Boston: Harvard Business School Press, 1998.

[34] MARTIN K W. The Chinese family and economic development: obstacle or engine? [J]. Economic development and cultural change, 1996 (45): 1—30.

[35] SILIN R H. Leadership and values: the organization of large-scale Taiwan enterprise[M]. Cambridge: Harvard University Press, 1976.

[36] SIMONS R. Control in an age of empowerment[M]. Boston,

Mass. ：Harvard Business Press，2008.

　[37] WOODWARD J. Industrial organization：theory and practice [M]. London：Oxford University Press，1965.

后　记

随着经济的发展、科学技术的进步和管理科学水平的提高,管理会计的不断发展将需要新要求、新动力、新条件,管理会计的角色和重要性也愈发凸显。作为企业经营决策的关键支撑,高级管理会计不仅要求我们能够理解并应用复杂的财务理论,更要求我们能够结合企业的实际情况,灵活运用各种管理会计工具和方法,以支持企业的战略决策和日常管理。

本书的写作对我们来说是一次充满挑战和收获的旅程。在编写这本书的过程中,我们深感这是一项艰巨而又充满挑战的任务,不仅要梳理和总结管理会计领域的最新理论、方法和应用,还要将这些知识以易于理解的方式呈现给读者,使其能够真正掌握并应用到实际工作中。

为了完成这一任务,我们投入了大量的时间和精力,进行了深入的研究和探讨,广泛阅读了国内外管理会计领域的文献和资料,深入了解了不同企业的管理会计实践并进行了访谈整理,还与多位业内专家和学者进行了交流和讨论。这些努力使得本书在内容上更加丰富、全面和深入。

在书中,我们力求将管理会计的核心概念、方法和工具系统地呈现给读者,同时引用了某大型企业集团在管理会计方面的革新和实践作为案例分析,详细解读了如何运用各种管理会计工具和方法来解决实际问题,并展示了管理会计在企业管理中的重要作用。这些案例不仅为本书增添了生动的色彩,更为我们提供了宝贵的实践借鉴,帮助读者更好地理解和掌握高级管理会计的精髓,也为我们的研究和写作提供了坚实的基础。希望本书能够成为读者的良师益友,为他们在管理会计领域的学习和实践提供指导和启示。

　　同时，我们也关注到了管理会计领域的最新动态和发展趋势。随着大数据、云计算、人工智能等新技术的不断涌现，管理会计也面临着前所未有的机遇和挑战。在本书中，我们探讨了这些新技术对管理会计的影响和启示，并展望了未来管理会计的发展趋势和方向。

　　当然，在编写过程中，我们也遇到了一些困难和挑战。由于管理会计领域的复杂性和多样性，很难在有限的篇幅内全面覆盖所有内容。我们尽可能地选取了最具代表性和实用性的内容进行介绍，但难免会有所遗漏和有不足之处，我们恳请读者能够谅解并提出宝贵的意见和建议。

　　最后，要感谢所有为本书编写付出辛勤努力的专家、学者及编辑。他们的宝贵意见和建议使得本书更加完善。也要感谢广大读者对本书的关注和支持。正是你们的支持和信任，使得我们有动力在管理会计领域继续深入研究。

　　展望未来，我们期待本书能够成为读者在管理会计领域学习和实践的重要参考书籍。无论是在学术研究、企业管理还是在个人职业规划方面，我们都希望本书能够为您带来帮助和启示。同时，我们也期待听到更多读者对本书的反馈和建议，以便我们能够不断改进和完善未来的成果。让我们共同努力，推动管理会计学科的不断发展和进步！